JN409378

아버지의 고무신

현 대 수 필 가 1 0 0 인 선 II · 94

아버지의 고무신

모임득 수필선

수필과비평사·좋은수필사

■책머리에

수필은 누구나 부담 없이 읽고, 마음만 먹으면 직접 쓸 수도 있는 가장 친근한 문학이다. 다른 영역의 문학이 영상매체에 밀려 신음하고 있는 중에도 수필 인구만은 날로 증가하여 바야흐로 수필 전성시대를 구가하고 있는 이유도 거기에 있을 것이다.

시대적 추세에 힘입어 수많은 수필전문지, 수필동인지가 창간되고, 이에 비례하여 신진 수필가도 날로 늘어나다 보니 이제는 그 많은 작가, 그 많은 작품 중에서 문학성 높은 작품을 가려 읽는 일이 쉽지 않게 되었다. 이런 현상은 작가에게나 독자에게나 결코 바람직한 일이 아니다. 더 나아가서는 수필을 연구하는 후세들에게도 큰 부담이 될 것이다.

이런 문제를 해결하는 데는 출판인도 마땅히 한몫을 감당해야 한다는 평소의 소신에 따라, 본사가 기꺼이 그 역할을 맡기로 했다. 그 첫 번째 사업으로 시대를 대표할 만한 수필가 100인을 선정하고, 작가가 자선한 40편 내외의 작품을 수록한 문고본을 발간하여 이를 널리 보급함으로써 그 소임을 다하고자 한다.

본사는 사명감을 가지고 이 사업을 추진해 나가기로 했다. 작가 선정을 전담할 편집위원회를 구성하고 전권을 위임하여 일체의 사적인 정실이나 청탁을 배제함으로써 전문성과 공정성을 확보해 나갈 것이다.

따라서 이 기획물 속에는 작가의 문학정신뿐만 아니라, 본사의 문학사적 기여 의지와 편집위원 제위의 수필문학에 대한 애정과 문인으로서의 양심이 함께 담겨 있음을 자부한다. 다만, 작가를 선정하는 기준에는 많은 견해의 차이가 있을 수 있고, 선정 과정에서도 미처 챙기지 못한 부분이 있을 것이라는 사실만은 인정하지 않을 수 없다. 이 점에 대해서는 관계자 여러분의 양해 있으시기 바란다.

이 시리즈의 발간 순서는 작가, 또는 본사의 사정에 의한 것일 뿐 그 밖의 어떤 기준도 적용하지 않았음을 밝힌다.

본 기획물이 시대를 초월한 많은 수필 애호가들의 관심과 애정 속에 우리나라 수필문학 발전에 한 이정표가 되기를 바랄 뿐이다.

본사에서는 이상과 같은 취지로 ≪현대수필가 100인선≫ 전 100권을 완간하여 큰 반향을 불러일으킨 바 있다.

그러나 우리 수필문단의 규모나 수필문학의 수준에 비추어 선정 작가를 100인으로 한정하는 것은 형평성이나 효율성 면에서 크게 부족하다는 의견이 많았고, 본사 또한 이를 통감하던 터라 기꺼이 ≪현대수필가 100인선Ⅱ≫를 발간하기로 했다.

본사의 충정에 찬동하여 출판에 응해주신 저자 여러분에게 진심으로 감사한다.

2014년 9월 일

수필과비평사 · 좋은수필사 발행인 서 정 환
현대수필가 100인선 간행 편집위원 박 재 식 최 병 호
정 진 권 강 호 형
오 세 윤

| 차례 | 현대수필가100인선II · 94

1_부

2_부

3_부

4_부

1부

빨랫줄과 바지랑대

모처럼 마당 가에 번진 햇살 위에 구름을 내걸고 싶다.

며칠째 내리는 비에 쌓여가는 시름만큼이나 빈 빨랫줄에서는 물방울만 오종종 매달리다 떨어지곤 했다.

서둘러 일상의 고단함을 빨래와 같이 탁탁 털어 줄에 넌다. 쌍둥이가 벗어놓은 옷들이 어찌나 많은지 세탁기로 휘휘 돌려 너는 일도 힘에 부친다. 하루 종일 쓸고 닦으며 치우다 보면 지치고 짜증 나는 날들이라서 얼굴은 펴질 때가 없다.

마당의 길이만큼 걸쳐진 빨랫줄이 주어진 삶이라면 바지랑대가 놓인 중간 지점만큼 온 인생이다. 숨 가쁘게 분주한 일상을 보냈지만 돌이켜보면 바지랑대 높이에서 바라보는 곳도 벗어나지 못한 채 종종거리며 살아온 듯싶다. 이십 대 후반부터 외줄 타기 하듯 발끝에 온몸을 지탱한 채 자식을 갖기 위한 일념으로 살았다. 하얀 기저귀가 널리기를 갈망하며 병원을 드나드는 횟수만큼 근심만이 널렸었다. 불혹이 가까워서야 쌍둥이를 낳았을 때 하루 세 번 세탁기를 돌리면서도 행복에 겨워하며 바쁘게 살았던 지난날들이 생각난다. 조금 힘들다고 너무 소중한 것을 잊고 있었다. 손길 닿을 빨래들이 있다는 것이 얼마나 기쁜 일인지 이제야 알 것 같다.

빨래에는 내 행복의 원천인 가족들의 시간이 고스란히 담겨 있다. 새벽같이 나가서 어둑해서야 들어오는 남편의 양말은 나보다도 남편의 일상을 더 알고 있을 터이다. 변비 때문어 놀림 당했을 아들아이 팬티를 볼에 대니 냄새보다는 속살에 어울려 함께했을 체취가 전해져 온다. 치마는 한사코 마다하며 머슴애들하고만 노는 딸아이의 바지까지 널어놓고 보니 하늘이 참 곱다.

쪽으로 물들이면 저렇듯 고운 빛이 나올까. 내친김에 수돗가에 자리를 잡았다. 남편 옷만큼은 손으로 비벼 빨고 있다. 울퉁불퉁 집에서 만든 비누로 비비다 보면 피어나는 거품처럼 속이 후련하다. 한번 두 번 헹굼질하는 단순한 움직임 속에 시름은 사라져 버린다. 커다란 자배기에 물을 받아 헹군 옷들은 짜지 않고 축 걸쳐 넌다.

옷에서 뚝뚝 떨어지는 물방울만큼 파이는 마당의 흙. 무게도 느껴지지 못할 만큼 작은 존재인 물방울이 낙하하는 속도만큼 흙 마당은 자리를 비켜준다. 작더라도 큰 힘을 쓸 수 있고 맞서기보다는 돌아가는 이치이리라.

처마에서 마당을 가로질러 돌담 옆에 있는 모과나무까지 걸쳐진 줄이 힘에 겨운지 축 늘어진다. 바지랑대를 중간에 세워 무게를 덜어주니 한결 보기가 좋다. 장대 하나가 버티기에는 벅찰 텐데도 아무런 불평 없이 하늘만 바라보고 있다.

피곤에 지쳐 축 처진 남편의 어깨 위에도 바지랑대를 받쳐주면 한결 가벼워질까. 전 재산을 투자한 사업이 계획대로 되지 않아, 사십이 넘어서 다시 시작해야 하는 남편의 마음이 가벼워진다면 기꺼이 바지랑대가 되어 주고 싶다.

옷가지를 가득 달고 바람에 흔들리는 빨랫줄이 남편의 모습 같다. 아이를 낳기 전에는 내가 늘어진 줄 같았다. 인연이 되지 못한 채 떠나보내야 하는 태아들로 침통해 있을 때 남편은 바지랑대가 되고 따뜻한 햇살이 되어 힘을 보태 주었다.

빨랫줄과 바지랑대처럼 떨어질 수 없는 사이가 되어 힘들 때 기댈 수 있고 어려움을 나눌 수 있는 것이 인생살이이지 싶다.

무거워진 줄에 온 식구가 걸려있다. 혼자 두 팔 벌리고 힘겨움을 참고 있을 남편의 빨랫줄에 이제부터는 내가 바지랑대가 되어야겠다.

아버지의 고무신

뒤뜰과 연결된 한지 문을 여니 연초록 감나무 잎사귀가 시야를 산뜻하게 한다. 신발을 신고 내려서서 하늘을 바라본다. 잎새 사이로 비치는 햇살 조각이 눈부시도록 정겹다.

모처럼 들른 친정집. 아버지가 생존해 계셨으면 돋아나는 대로 뽑아내셔서 이렇게 풀밭처럼 되진 않았을 텐데, 앞마당과 뒤뜰엔 풀이 무성하게 자라 있어 가슴을 아련하게 한다.

돌 틈으로 돋아난 풀을 조금밖에 뽑지 않았는데 땀이 흐른다. 난 두 손으로 뽑아도 이렇게 힘이 든 데, 몸이 불편하시던 아버지는 엉거주춤한 자세를 한 채 한 손으로 뽑으셨다. 뽑고 뽑아도 무한정 자라는 이 풀들처럼, 우리 자식들이 서운하고 매정하게 나 몰라라 할 때도 아버지의 사랑은 항상 변함이 없으셨다.

아버지가 쓰러지셨다는 연락을 받고도 회식 자리까지 끝내고 오빠 집으로 갔었다. 빈혈이나 햇볕을 많이 받아 잠깐 쓰러지는 것만 생각하던 내게 아버지는 식물인간이나 다름없이 눈만 깜빡거리며 누워 계셨다.

서울에 있는 병원에 입원하여 어머니의 정성 어린 간호를 받으며 절룩거리는 몸으로 내려오신 뒤 침을 잘 놓는 곳이 있다면 어디든지 모시고 다녔다. 쓰러지신 지 일 년 뒤에는 말씀은 어눌하게 하고 오른쪽은 못 쓴 채 모든 일을 왼손으로 하시게 되었다.

시골 화장실이 불편하여 신혼 시절 우리 집에 머문 적이 있으시다. 생선도 징그럽다며 요리하기를 꺼리던 나였었다. 중풍에는 개고기가 좋다고 하여 사다가 삶는데 다리가 어찌나 긴지 찜통 바깥으로 자꾸만 나오는 개 다리를 돌리고 돌려 삶아 아버지께 드리곤 하였다.

그러나 시간이 지날수록 바쁘다는 핑계로 자주 찾아뵙지 못하고 어쩌다가 들러도 굳어 있는 아버지의 손을 덥석 잡아 드리지도 않았다.

돌 틈의 풀을 다 뽑고 화단으로 올라서기 전 댓돌 위에 앉아서 잠시 쉰다. 땀을 닦으며 문득 바라본 굴뚝 옆에 지팡이가 서 있고 밑에는 고무신 한 켤레가 보인다. 주인 잃은 지팡이와 고무신에는 뽀얗게 먼지가 서려 있다. 칠 년여를 중풍으로 고생하시다가 또다시 쓰러지셔서 돌아가셨다. 유품을 정리할 때

빠뜨린 모양이다.

반쪽을 못 쓰시니 오른발이 무감각인 데다가 부었다. 구두는 엄두도 못 내고 운동화를 신으셨는데 신기도 불편하실뿐더러 하루 종일 걸어 다니시는 터에 고무신으로 바뀌었다. 처음에는 하얀 고무신이었던 것이 때가 잘 탄다는 이유로 청색의 고무신으로 바뀐 뒤 외출하실 때만 하얀 고무신을 신으셨다. 그러니 건강한 몸으로 외출할 때 신으셨던 구두 한 켤레는 신발장에 고이 모셔져 바깥 구경할 일이 없었다.

아버지는 고무신을 신고 지팡이에 의지하신 채 절룩거리며 아랫마을까지 다녀오는 것이 하루 일과였다. 그날 저녁 밥상에서는 어머니에게 누구네 벼에는 병이 들어 약을 쳐야 되겠고, 누구네 밭의 고추가 실하게 달려 있고, 사촌 집에 담배 순을 쳐야 되겠다며 어눌하게 말씀하시면 우리는 잘 못 알아들어도 어머니는 알아들으시고 오순도순 말씀을 나누셨다. 부부간의 살가운 정이 새록새록 느껴지던 그 모습이 그리워서 콧등이 시큰거린다.

당신의 평생 생활 터전이었던 논과 밭을 보며 아버지는 무슨 생각을 하셨을까? 오로지 자식 잘 가르쳐 보겠다면서 두 손 걷어붙이고 열심히 일하던 몸 건강하실 때의 모습을 회상하고 계셨던 건 아닌지.

주말을 이용하여 고추를 딸 때면 한 손으로라도 거들던 아버지. 길에 쓰레기가 떨어져 있으면 줍고 가로등을 시간 맞춰

켜고 끄는 것은 물론 동네 회관이며 우리 집 안방까지 한 손으로 걸레를 든 채 닦고 또 닦으셨다.

갑자기 소낙비가 쏟아지면 어머니는 보던 드라마를 계속 보셔도 아버지가 비설거지를 하셨다. 행여 자식들이 온다는 연락이 있으면 방마다 보일러 켜고 끄는 것도 아버지 몫이었으니 아버지 돌아가셨을 때, 내가 방에 불 조절을 잘못하여 더운 방은 너무 덥고 다른 방은 냉방에서 떨기까지 했다.

고무신을 가만히 가슴에 안아 본다. 지금이라도 이 고무신을 신고 지팡이를 짚은 채 활짝 웃으며 대문을 들어서실 것 같은데, 하회탈 같은 미소는 어디 가고 뒤뜰에 핀 함박꽃만 눈에 들어온다.

뒤뜰의 돌담이 담쟁이 넝쿨로 덮이고 함박꽃이 활짝 필 때면 감나무 옆의 부추는 제법 자라 있었다. 부추를 자르고 애호박을 넣어 부침개를 부쳐 드리면 맛있다는 표시로 웃어 주시며 잡수시곤 하였는데……. 주인 잃은 부추만 한 뼘이나 웃자라 있다.

고무신을 들고 수돗가로 향한다. 대야 속에 잠긴 고무신을 보니 아버지의 발을 씻겨 드릴 때가 생각이 나서 눈시울이 적셔진다. 그동안 힘든 농사일의 훈장이라도 되는 듯 양쪽 발바닥엔 뚝 살이 박여 있었다. 힘줄도 보이고 감각이 있는 왼발에 비해 오른발은 약간 휘어진 듯하면서도 많이 부어 있어서 씻겨 드리기가 힘이 들었었다.

아버지의 발이라도 씻겨 드리는 듯 수세미는 제쳐 두고 손으로 고무신을 정성스럽게 닦는다. 비누칠을 한 다음 여러 번 헹구어 댓돌 위에 세워 놓았다. 어렸을 때 어둑해지면 지게 지고 대문을 들어서던 아버지는 샘물을 퍼 올려 바짓단 걷어 올리고 씻으신 후 검정 고무신에 들어간 물 빠지라고 댓돌 위에 세워 놓곤 하셨는데.

그러고 보면 아버지의 발에는 고무신이 신겨 있을 때가 많았다. 요즘 흔한 슬리퍼도 일할 때 거추장스러우니까 아예 신지를 못하고 검정 고무신에서 시작하여 청색, 하얀색만 신다가 가시는 저승길에도 하얀 고무신이 놓여 있었다.

아버지의 체취가 오롯이 남아있는 고무신을 마른 수건으로 물기를 닦아 신발장에 모셔 두었다. 앞으로 친정집에 들를 때마다 아버지를 보듯 꺼내어 닦아 두어야겠다. 고무신을 신고 대문을 들어서며 환하게 웃으시던 모습 또한 그리면서…….

아버지의 고무신을 가슴에 품고 산다.

먹을 갈다

천년을 묵은 빛이다. 무덤에서 발견되었다는 먹, 선명하게 남은 단산오丹山烏자 밑에 한 일一자의 획만 보이는데 이는 옥玉의 첫 획으로 먹을 갈아 사용하고 남은 부분이리라.

국립 청주박물관에 전시되고 있는 단산오옥은 우리 전통 먹의 특징을 잘 보여준다. 단산오옥으로 쓴 글이나 그림은 오래될수록 검고 빛이 바래지 않아 더 깊은 맛이 난다고 한다. 출토 당시의 사진 앞에서 한참을 서 있었다. 먹은 사용했을 선비의 머리맡에 두 동강 난 상태로 있었다. 1998년 청주 동부우회도로 건설구간인 명암동 유적에서 발견된 목관묘에서 나왔으며 현재 전해지는 고려 시대 먹 중 가장 오래된 것이다.

가장 좋은 먹을 단산오옥이라고 한단다. 앞면의 가장자리에는 물결무늬가 중첩돼 있고 뒷면에는 우아한 곡선으로 용이

승천하는 모습을 표현한 비룡문이 새겨져 있다. 고려 시대로 추정되어 보물로 지정된 먹은 멋스럽기도 하거니와 먹을 만든 장인의 숨결도 느껴진다.

'천년의 먹 향기 단산오옥전'을 보고 귀가해 장식장에 보관된 연적을 꺼냈다. 연꽃 봉우리 같은 몸체, 두 가닥의 연 줄기를 꼰 모양의 손잡이, 연잎을 말아 붙인 모양의 귀때가 있다. 봉우리 아래에는 작은 구멍이 뚫려있어 귀때와 함께 연적 구실을 하게 되어 있다. 아쉽게도 물 따르는 부리는 깨어졌다. 언제부터 이 연적이 우리 집에 있었는지 기억에 없다.

평생 농사를 지으셨지만, 서당 훈장을 하면 딱 어울리셨을 시아버님. 성성한 머리칼, 굴곡진 이마, 거칠어진 손이지만 틈나면 붓글씨를 쓰고 고서古書를 즐겨 읽으셨다. 이 연적도 문방사우와 더불어 소반이나 책상 위에서 고졸한 멋을 풍기며 늘 아버님과 함께했을 것이다.

선비 같으신 시아버님을 존경하고 많이 의지했었는데 왜 소원疏遠해졌을까? 아마도 청천벽력 같은 남편의 진단 결과가 나오면서 그리된 것 같다. 신혼 때는 아버님과 편지를 주고받으며 도타운 정을 나누며 지내었고 시부모님은 맏며느리를 많이 의지하신다고 믿으며 20여 년 동안 살았었다.

하루가 다르게 까라지는 남편을 보며 시어머님은 울기만 하셨고 아버님은 묵언 수행 중인 스님처럼 아무 말씀도 없으셨다. 나와 우리 아이들이 투병 중인 가장을 보며 아픔을 견디듯 시부모님의 가슴도 피멍이 들 거라고 스스로 이해했다. 5년의 투병에 지친 남편은 서둘러 가족 곁을 떠났고, 상속 문제로 시어른의 인감증명서가 필요해 말씀드렸더니 거절을 하셨다.

우리네 세상에는 숱한 느낌표가 있다. 먹을 간 벼루에 똑같이 붓으로 먹물을 묻혔는데도 사랑이라고 쓰면 사랑이란 글이 되고, 미움이라고 쓰면 미움이 된다. 사랑이라고 쓰는 이의 얼굴은 평온할 테고 미움이라 쓰는 이는 그렇지 않으리라.

연적에 물을 담았다. 한 손에 쥘 만한 알맞은 크기이다. 내친김에 벼루에 물을 따랐다. 몽우리 진 연꽃 모양의 연적 귀때로 물이 순하게 떨어진다. 먹을 갈 때는 마음을 다잡아 갈아야 한다. 벼루에 물을 적게 따르면 먹이 잘 갈리지 않고, 너무 많이 따르면 먹 갈기가 조심스럽고 먹물도 흐려 붓글씨 쓰기에 적합하지 않다.

먹을 조금 갈았는데 팔이 아프고 호흡이 고르지 않다. 마음이 흔들리고 있음이다. 다시 손끝으로 전해지는 미세한 마찰에 집중한다. 먹을 가는 일은 어쩌면 마음을 다스리는 일이 아닐까 생각해 본다. 먹 향이 진하게 우러나오려면 장시간 갈아야 한다.

갈아진 먹물을 붓에 충분히 묻힌 다음 붓을 벼루에 훑어 먹물이 떨어지지 않게 한 다음 서툴지만 글을 써본다. 붓끝에 먹물이 스밀 때의 느낌, 화선지 위에 스미는 먹물의 기운을 참 오랫동안 잊고 살았다.

먹은 벼루에서 갈린다. 자신을 없애면서 글씨와 그림을 그리게 한다. 어찌 보면 자신을 희생해가며 자식에게 최선을 다하는 부모님과도 같다. 나 역시 자식을 키우는 어미로서 자식을 잃은 부모의 마음을 어찌 헤아릴 텐가.

연적의 물을 벼루에 따라본다. 뚫어진 공기구멍이 있어 물은 순하게 흘러내린다. 자신을 갈아 글씨를 낳은 먹처럼, 뼈 빠지게 한평생 농사를 지어 자식을 길러낸 시아버님처럼, 소임을 하다 귀때 부리가 깨진 연적처럼, 그렇게 한 생애 살아가는 거라고, 마음을 넓혀 더 이해하라고, 고려 시대 먹, 단산오옥이 내게 일러주는 것 같다.

연필

반듯하게 깎인 연필이 필통에 가지런히 있으면 뿌듯하던 시절이 있었다. 책보자기 둘러메고 십 리 길 뛰어 학교에 가다 보면 필통의 연필은 흐트러지고 까만 연필심은 고단함에 그 모습을 감추고 있었다.

필통 뚜껑만 열면 늘 잠자던 나무 향이 배시시 깨어났다. 그 향은 들뜬 마음을 안정시켜 주곤 했었다. 나무 안에 감춰진 까만 속심, 연필도 요즘은 형형색색이다. 한번 검정 연필이면 평생 검은색으로만 써진다. 사람으로 치면 고지식하지만 올곧게 세상을 살아가는 사람을 보는 듯하다. 눈 뜨면 들로 산으로 다니시며 농사짓는 일밖에 모르던 아버지 같다. 밭 갈고 쟁기질하던 거친 손으로 입학하는 딸을 위해 연필을 깎아주셨던 아버지. 부러진 연필을 깎고 또 깎아서 짧아진 몽당연필을 볼

펜 껍데기에 끼워 침 바르며 공책에 삐뚤빼뚤 써 내려가던 그 시절이 아련하다.

달포 전, 볼펜도 샤프도 아닌 몇 자루의 연필을 K 선생님으로부터 선물 받았다. 어떤 뜻으로 연필을 주셨을까. 철학적 안목으로 하얀 종이에 세상살이의 희로애락을 엮어내라는 의미일까. 생의 행로를 한 글자 한 글자 까만 속심 닳아 없어질 때까지 끊임없이 쓰라는 의미일까. 연필은 넙데데한 얼굴에 이래도 흥 저래도 흥 하며 웃어주던 착한 K 선생님 같다.

선물로 받은 연필을 깎아본다. 초등학교 시절 책상에 앉아 칼로 연필을 깎는 일은 대단히 어렵고 위험한 일이었다. 그러나 지금은 일부러 연필을 깎는 이 시간이 참 좋다. 연필을 깎는 것은 먹을 가는 것처럼 들떴던 마음을 다스리며 한곳으로 모으는 훈련이다. 적당한 힘으로 칼을 잡고 엄지손가락을 움직여 사르륵사르륵 육각형의 나무를 깎아내고, 뾰족하게 까만 심을 갈아내는 일은 마음에 굳게 박힌 아집을 갈아내는 시간이기도 하다.

언제부터인가, 우리는 스마트폰의 내장된 펜을 사용하고 있다. 스마트폰 화면에 펜으로 글씨를 쓰면 마치 실제 종이에 쓰는 것처럼 사각거리는 소리가 난다. 붓부터 연필까지 여러 형태의 펜 종류에 따라 다양한 소리를 내 재미를 더한다. 빠른 속도로 진화하는 이 시대에 연필을 선물 받은 걸 보면 그래도 연필로 쓰기를 고집하는 이들이 있어 반가운 세상이다.

내 마음을 연하게 그려내는 연필은 수수하다. 지금까지 살아온 내 인생을 연필로 적는다면 선물 받은 네 자루면 가능할까. 쓰다가 마음에 안 들면 지우개로 지우고 마음 가는 대로 다시 써도 된다. 볼펜처럼 한번 써 놓으면 절대 지울 수 없는 똥고집이 아니다. 잘못 쓰면 지우개로 지우고 다시 쓰고 또 써도 절대로 성내는 일이 없다. 그만큼 연필은 포용과 배려의 상징이다.

며느리로 엄마로 아내로 살아온 지난날을 돌아보니 매 순간 치열한 삶이었다. 길고 쭉 빠진 온전한 연필에서 이순을 바라볼 만큼 살다 보니 내 몸은 겨우 손으로 잡을 수 있는 짧은 몽당연필이 되고 말았다. 책보 속에서 뜀박질할 때마다 이리 치이고 저리 치인 연필처럼 온몸이 안 아픈 곳이 없다. 순수했던 마음은 침 묻힌 연필로 얼키설키 낙서해놓은 것처럼 까매졌다.

살아온 생을 글로 적는다면 지우개로 지우고 다시 살고 싶은 나이가 어디쯤일까. 건강했던 젊은 시절로 돌아가 다시 후회하지 않을 삶을 살아보고도 싶지만, 그래도 지금의 내 삶을 사랑하려고 한다. 한평생 글씨 쓰는 일에 온몸을 바치다 몽당연필같이 된 삶도 내 삶이기에.

감나무 추억

달빛이 교교한 밤에 감을 깎는다. 얇게 껍질을 벗겨서 따사로운 햇살과 맑은 바람에 살랑살랑 말릴 생각이다. 딱딱한 감을 깎으면서 마음은 벌써 하얀 가루가 묻어나는 백시를 먹을 생각에 군침이 돈다.

소쿠리에 가득한 감에서 이웃의 정이 담뿍 전해져 온다. 가을걷이가 시작되면 시골 인심이 좋아서 하나둘 들어오는 소출. 고구마, 깨, 토란, 콩, 고추, 햅쌀, 배추, 감을 가지고 오는 인정 많고 순박한 이웃들이 있어 가을이 더 풍성해진다.

소담스럽게 담겨 있는 솔밭감을 하나 집어 든다. 진주홍색의 껍질을 벗기니 주홍빛 속살을 내보인다. 겉모습과 같은 빛깔의 속살은 안과 겉이 다르지 않고 올곧은 선비를 보는 듯하다. 겉모습은 그럴듯한데 속마음은 딴판인 사람들이 얼마나 많은 세상인가. 나 역시 겉으로 보여지는 외모에만 너무 치장하는 건 아닌지. 처음 시골로 이사 왔을 때 아침에 일어나면 화장부터 하였다. 있는 그대로의 모습보다 좀 더 나를 포장하고 싶었는지도 모른다. 본바탕의 부족함을 꾸미려고 치장하지만, 마음의 향기는 겉모습을 꾸민다고 되는 것이 아닌 것을.

창호에 어리는 달빛을 받으며 감을 사각사각 깎다 보니 고향 집에 있는 감나무도 달빛에 젖어 있을 것 같다.

내 고향의 가을은 진 다홍빛으로 물드는 감나무 잎새에서 시작되었다. 마을 주위의 산야는 빨간 꽃을 피운 것처럼 감나무가 지천이다. 고샅길을 걷다 보면 초가지붕에 얹힌 하얀 박과 돌담 위로 뻗어 나온 감나무 가지의 붉은 감이 운치가 있었다.

어렸을 때는 감의 모양이 다르다는 것만 알았다. 뒷동산에 있던 감은 작으면서 삐뚤게 생겼고 우리 집 뒤꼍에 있는 감은 넓적하였다. 솔밭 너머에 있는 감나무는 둥글고 예쁜 감을 달고 있었다. 감을 좋아해서 관심을 갖다 보니 감나무에 어린 유년 시절의 추억만큼이나 다양한 이름표를 달고 있다. 감나무가 있는 장소와 감의 모양, 빛깔에 따라 솔밭감, 넓적감, 장두감, 고추감, 사랑방감, 두리감 등 정겹게 불리고 있다.

감나무에 연초록 잎이 돋아나고 담황색 꽃이 피면 꽃을 먹었다. 먹다가 싫증이 나면 실에 꿰어 목걸이와 팔찌, 왕관을 만들어 오월의 신부가 되는 소꿉놀이를 즐겼다. 그러다가 꽃이 진 자리에 달린 파란 감이 떨어지면 감 잎사귀와 함께 더할 수 없는 장난감이 되었다.

파랗던 감이 주홍빛으로 서서히 물들기 시작하면 우리 꼬마들은 몸살이 난다. 홍시를 먹을 생각에 이른 새벽, 잠을 깨면 감나무 아래로 달려갔다. 삽상한 아침 이슬에 바짓단이 젖는 것은 대수롭지 않다. 감나무 밑을 헤매다가 팍 터져서 떨어진 감을 보면 서운해 하고 모양을 다 갖춘 감을 주워서 먹으면 그날 하루는 마냥 기분이 좋았다.

홍시 생각이 나서 장두감을 꺼내 온다. 한입 베어 물으니 달콤하면서도 향긋하다. 떫고 딱딱한 모습은 어디 가고 말랑말랑한 것이 맑은 햇살 때문일까. 자연의 섭리에 순응하기 때문인가.

감나무를 오상이라고 부른단다. 글씨를 쓸 수 있는 잎, 나무는 깎아 화살촉을 만들고, 안과 겉이 다르지 않으며, 치아가 없는 노인도 먹을 수 있고, 늦가을까지 달려 있기 때문이다. 그래서 문, 무, 충, 효, 절을 갖춘 나무라고 극찬했다는데 나는 무엇을 내보일 수 있을까. 지금까지 살아온 세월의 무게와 빛깔을 돌아본다. 감나무에 나를 비교한다면 파란 감에 해당할 텐데……. 난 때깔을 낼 준비는커녕 아직 꽃도 피우지 못한 것 같다.

내 인생의 삶을 다독여 본다. 내가 남은 생을 나무로 산다면 하나도 버릴 것 없이 덕 있는 감나무 같은 인생을 살고 싶다.

가을빛 속에서 감나무의 진풍경은 진 다홍빛으로 물든 잎이 떨어지고 감만 주렁주렁 달려 있어 꽃을 피운 것처럼 예쁠 때이다. 볕 바른 날 긴 대나무 장대를 들고 감을 땄다. 머리를 뒤로 젖혀서 감을 따다 보면 쪽빛 하늘에 빨간 감들이 달린 것 같아 한 폭의 수채화를 보듯이 아름다웠다.

소쿠리에 감이 하나 둘 늘어날 때면 추운 겨울날 달콤한 홍시를 먹을 생각에 더욱 신이 났다. 나무의 맨 위쪽으로는 몇 개 남겨 놓는다. 까치밥이라고 하여 먹을거리가 별로 없는 추운 겨울에 까치를 위해 마련해 놓은 작은 배려이다.

함박눈이 내릴 때면 말랑하게 잘 익은 홍시를 꺼내다가 뒤뜰의 감나무 아래에서 먹던 그 맛을 어디다 비하리.

지금의 감이 아무리 잘 익었어도 어릴 적 뒤뜰에서 먹던 그 맛을 느낄 수가 없다. 예전에야 먹거리가 풍부하지 않았던 시절이니 감이 기나긴 겨울밤 요긴한 간식거리가 되었으나, 요즘은 감나무에서 서리를 맞고 눈을 맞으며 까치의 먹이가 되는 감을 많이 볼 수 있다.

나무에서 겨울을 맞고 있는 감을 보면 침담근 감이 생각난다. 감에는 타닌이 들어 있어서 단감이 아니고는 그냥 먹기 어려우니 삭혀 먹기도 했었다. 떫은 감을 항아리에 담고 소금을 탄 끓는 물을 붓는다. 항아리에 이불을 덮어서 아랫목에 놓고 하룻밤 지나면 떫은맛은 없어지고 달고 맛있는 감이 되었다. 단감처럼 아삭아삭 씹히는 침시를 하나둘 먹다 보면 가득 담겼던 항아리 바닥이 금세 드러났었다.

넓지 못한 내 마음도 침을 담그면 너그러워질까. 상념의 꼬투리를 잡고 괴로워하는 마음의 찌꺼기도 소금에 타서 하룻밤 지나면 맑아질 수 있을지. 그럴 수만 있다면 난 매일 침을 담그는 수고를 하더라도 기쁘게 할 수 있을 것 같다.

깎은 감을 실에 엮어서 처마 밑에 주렁주렁 매달면 좋겠지만 손쉬운 방법으로 채반에 널었다. 분 살짝 바른 새색시처럼 하얀 분을 두르고 투명한 속살이 내비치는 말랑말랑한 곶감을 만들어야 할 텐데. 햇볕이 맑게 비추던 화창한 날씨였다가도 감을 널면 비가 부슬부슬 내린다. 비가 오면 들여놓고 햇볕이 들면 내다 널고, 곶감을 만드는 것도 쉬운 일이 아니다.

비 개인 창 너머의 풍경이 맑다. 빗방울을 매단 채 피어있는 노오란 국화에 시선을 두고 비의 끝자락을 헤아려보다가 감을 들고 옥상으로 올라갔다.

저 멀리 외딴집 돌담 사이로 감나무의 빈가지가 보인다. 가진 것 다 내어 준 빈 가지가 내 마음을 아련하게 한다.

유년 시절에 애틋한 추억의 한 자락을 준 감나무에게 보내는 눈길이 정겹다. 내가 잘 익은 열매를 위해 마음속에 씨앗을 준비하듯 감나무도 새봄의 씨앗을 잉태하고 있으리라.

간이역 우체통

시골의 간이역으로 비치는 햇살이 참 곱다.

싸리비로 가지런히 쓸어놓은 것같이 정갈한 하늘, 양팔 가득 벌려 늠름하게 서 있는 느티나무 아래 시나브로 떨어지는 잎새를 역무원이 쓸고 있다. 싸리비가 나뭇잎새에 닿을 때마다 쓱싹쓱싹 들리는 소리가 정겹다.

기차가 지나칠 때마다 아이들은 기차를 가리키면서 눈을 동그랗게 뜬다. 기다리는 할아버지는 오시지 않고 기차가 그냥 지나칠 때면 노래를 불러 달라고 조르는 아이들에게 노래를 부른다.

"기찻길 옆 오막살이……."그러면 집 앞에 있는 시골길 모래 위에서 했던 것처럼 딸아이가 내 바지를 잡고 쌍둥이 동생인 아들은 그 뒤를 따른다.

시골의 간이역은 한산하다. 쌍둥이에게 불러주는 노랫소리만이 들릴 뿐.

느티나무 옆에 따스한 햇살보다 더 포근해 보이는 빨간 우체통이 있다. 저 우체통에는 어떤 무수한 사연들이 숨어 있을까. 기쁘고 슬픈 갖가지 사연들이 들락날락했으리라.

시아버님께 편지를 올린 지가 언제였던가. 살림에도 초보이고 인생에서도 어설펐던 신혼 시절, 학자풍이신 시아버님이 왜 그렇게 어렵던지. 자주 찾아뵙지 못하는 죄송함과 말로는 꺼내기 어려운 부분을 글로 써서 우체통에 넣었다. 거리가 멀어도 시아버님과 주고받는 편지가 있었기에 시집 식구들과 교감을 나눌 수 있었고, 직장생활로 고달픈 며느리는 퇴근길에 우편함을 열어보는 것이 행복으로 다가왔었다.

언젠가는 시댁에 가서 남편의 못된 점을 시어머님께 미주알고주알 일러바치고 오니 아버님께서 남편에게 편지를 쓰셨다.

"너의 허물이 곧 父의 허물이며 父의 허물이 너의 허물이거늘. 육십 평생에 父는 다시 어린 시절로 돌아가 인생의 참다운 교육을 받아야 할 것이로구나." 그러면서"인정人情은 가정의 근본根本이요. 순리順理는 곧 백행百行의 근본"이라고 하시었다.

그 후 일상 속에서 남편과 작은 갈등이 있을 때면 아버님의 편지를 떠올렸다. "순리대로 살아라." 그러면 어떤 어려운 일이 있을지라도 겸허하게 받아들일 수 있었다.

결혼해서 생긴 아기가 계속 잘못될 때도 순리대로 살라는 아버님의 편지를 다시 읽어보고 맏며느리로서 손자를 안겨드리지 못하는 죄송한 마음을 편지에 담아 우체통으로 갔었다.

노래를 불러 달라고 업어달라고 조르는 아이들만 없으면 지금이라도 간이역의 풍경을 담아 우체통에 넣을 텐데…. 우체통 옆에는 국화며 맨드라미 등 갖가지 꽃들이 활짝 피어 있다. 화려한 색상의 꽃을 말갛게 비추는 햇살을 보면서 내 마음속의 생각들도 저렇게 밝고 아름다웠으면 하고 소망해 본다.

자연의 섭리에 따라 피고 시드는 꽃들, 돋아나고 떨어지는 나뭇잎을 보며 또 한해가 얻은 것 없이 가는구나 하고 절망했던 지난날들. 결혼해서 십 년이 넘는 세월을 그저 자식만 있게 해 달라고 빌면서 자식이 전부인 양 살아왔다. 이제 그렇게 고대하던 자식을 한꺼번에 둘이나 얻었는데도 내 얼굴은 흐렸다 맑았다 한다. 그 간절했던 마음은 어디 가고 쌍둥이의 재롱에 밝은 얼굴이 되었다가도 남편이 미울 때나 피곤하다는 이유로 아이들에게 짜증을 내곤 한다. 소원하던 자식을 가졌건만 내 인생에서 거둘 것이 없는 허허로운 빈 가슴만 울려오기 때문일까.

봄부터 가을까지 자연의 순리에 따라서 꽃 피고 잎 돋아나고 열매 맺는 자연을 보며 내 빈 뜨락에는 언제 튼실한 열매가 맺힐까 생각해 본다.

아이들이 "엄마." 하면서 손으로 가리킨다. 박이다. 시골의 간이역 앞에는 느티나무와 빨간 우체통이 있고, 기차가 지나가는 쪽으로는 갖가지 꽃들이 화분 속에 담겨있다. 그 화분 위로 주렁주렁 달린 조롱박과 수세미를 아이들은 신기한 듯 바라본다.

몇 년 전까지만 해도 시댁에서는 박을 심었었다. 돌담 너머로 하얀 박들이 달빛 아래 속살을 드러내고, 울타리에는 울콩을 심어서 담을 에워싼 콩 줄기가 운치 있었다. 마당가로는 늘어진 수수가 하늬바람에 일렁거리는 모습도 보기 좋았다. 박은 말려 두었다가 표주박 하라고 주셔서 우리 집 간장 항아리에는 아직도 반쪽 박이 동동 떠 있다.

아이를 낳고부터는 우체통으로 가는 작은 행복도 사라지고 대신 전화로 인사치레만 하고 있다. 우리가 시골로 이사하여 거리가 멀으니 자주 오시지 못하는 시어른들인데, 쌍둥이를 낳고 두 번째 다녀가는 여정이시다.

도착시각보다 미리 와서 기다리는 탓인지 이번 기차도 몇 명의 사람들을 내리고 태우더니 떠나갔다.

우리 사는 모습도 저 기차와 같지 않을까. 인생이란 긴 철로 위에 잠시 머물다가는 간이역들. 운이 좋으면 남들보다 몇 정거장 더 갈 수 있고, 인연이 아니라면 한 정거장도 달리지 못하고 마감하는 인생.

몇 년 전에 뱃속에서 다 키워놓고 하늘나라로 보낸 쌍둥이는 잠시 기차에 탔다가 잘못 탔다고 도로 내리었나. 나와는 부모·자식 간의 인연이 아니라서 한번 안아보지도 못한 채 내 곁을 떠났던가. 가슴이 아릿하다.

정녕 내게는 자식 복이 없단 말인가 하고 우체통으로 가는 일도 뚝 끊고 서서히 침몰해 가는 배마냥 마음의 빗장을 닫고 산 지 몇 년째. 손자 타령 안 하고 안으로 묵묵히 삭히시는 시어른들을 생각하고 다시 몸 추슬러서 병원을 드나들며 피 뽑고 주사 맞던 지난날들.

지금 내 옆에서 뛰어노는 남매 쌍둥이가 하늘나라로 보낸 아이들이 다시 환생한 양 속죄하며 열심히 키워야지 다짐해 본다. 아니면 하늘나라로 띄우는 편지도 요즘 있다던데 뱃속에서 놀던 그 발길질을 기억하면서 짧은 시간이었지만 엄마는 무척 행복했었다고 글을 써서 지금 내 앞에 있는 빨간 우체통에 넣어볼까.

누구나 가슴에 우체통 하나 담고 살듯이 내 마음에는 간이역의 빨간 우체통을 품고 살리라.

순리대로 살라는 시아버님의 편지를 교훈 삼아 우리 부부가 올바른 길로 가려고 노력하듯이 내 자식들에게는 무엇을 남겨 주어야 할까. 간이역 앞에 있는 느티나무처럼 든든한 버팀목이 되어야 할 텐데…….

시골 간이역의 빨간 우체통과 자주 마주쳐야겠다.

숟가락, 담다

·

청동 숟가락 끝이 날렵한 나뭇잎 같다.

목부터 휘어진 숟가락은 자루 끝부분도 제비 꼬리처럼 두 갈래로 갈라 멋을 부려놓았다. 쌍어雙魚형이면서 수저 허리 부분이 옆에서 보면 S자 곡선이다. 몸체는 음식을 먹기 불편할 정도로 길고 손잡이도 지나치게 휘어져 있어 실용적이지는 않을 듯싶은데, 고려 시대에 저렇게 세련된 숟가락을 만들었다는 것이 신기하기만 하다.

숟가락을 무수히 들었을 주인은 어디 가고 숟가락만 시공을 초월해 지금 내 눈앞에 있는가. 땅속에서 오래도록 부장되어 있다가 발굴되어 세상 빛을 본다. 문물이 많이 변했지만 고려 시대에 비하면 현재의 숟가락은 멋보다는 실용성에 가깝다. 매일 밥상에서 마주하는 숟가락. 바쁜 일상에서 하루에 세 번

식탁에 놓였다가 소임을 다하면 수저통으로 돌아가 묵상에 잠겨있다.

우리나라 밥상은 한꺼번에 차려놓고 여럿이서 먹는다. 살강 아래에서 수저통에 수저가 꽉 차던 시절이 그립다. 커다란 양푼에 밥 비벼서 숟가락이 들락거리며 때론 숟가락끼리 부딪치면서 떠먹던 그 시절.

달창 숟가락으로 감자껍질을 벗겨 호박 썰어 넣고 밀가루 반죽을 숟가락으로 뚝 뚝 떼어냈던 수제비는 중학생이 할 수 있는 최상의 음식이었다. 각자의 자리에서 고단한 일상을 접고 들어온 식구들이 따끈한 수제비 한 그릇 맛나게 먹으면 떼꾼함이 사라졌다. 먹을 것이 많지 않아서이기도 하지만 많은 양을 끓여서 더 맛있었지 싶다. 여러 재료를 넣어 오래 끓이면 재료마다 맛이 우러나서 그러하리라. 식구가 적어진 요즘, 갖가지 재료를 넣어 육수까지 내어 끓여보지만 어렸을 적 먹던 맛이 나지 않는다.

어느 날 식당에서 음식이 나오기 전에 수저를 놓고 기다리다가 깜짝 놀란 적이 있다. 숟가락 속에 내가 거꾸로 있었다. 숟가락을 뒤집어 볼록한 면에 얼굴을 보면 온전한 내가 있다. 오목한 면과 볼록한 면을 가지고 있는 숟가락은 양면 거울이며 소우주다. 삶의 안과 밖이 담겨있기에 그러하다. 신기해서 앞과 뒤를 번갈아 비추며 신기해했다.

숟가락을 들 수 있다는 건 살아있음의 증거다. 이유식을 먹을 때부터 숟가락은 우리와 평생을 같이한다. 숟가락을 든다는 표현이 있다. 밥을 먹기 힘겨울 때 억지로라도 먹는다는 뜻이다. 하루하루의 삶을 이어주는 것이 숟가락의 소임이다.

병간호하던 때가 있었다. 병이 깊을 무렵에는 누룽지 두 숟가락밖에 먹지 못해도 숟가락을 들 수 있어서 다행이었다. 병원 개수대에서 그릇을 씻을 때 옆에 있던 보호자는 숟가락으로 밥을 먹을 수 있다는 것을 무척 부러워했다. 콧속으로 연결된 줄에 커다란 주사기로 미음을 넣어주기 때문이다. 멀건 미음이 코를 통해 몸속으로 들어가서 생을 연장하는 것이다.

콕콕 찍어 먹는 포크에 비해 국물까지도 담아 올려 모든 것을 아우르는 것이 숟가락이다. 밥 한 숟가락이라도 씹어 삼킬 수 있다면 찬이 변변해도 무한한 행복이다.

땅속에 묻혀 긴 잠을 자다 발굴되어 청주박물관에 전시된 숟가락을 바라본다. 얼마나 많이 주인의 입을 들락거리며 공양을 했을까. 그러고 보면 숟가락은 삶과 죽음의 아주 얇은 경계이다.

밥술을 놓고 떠난 주인 입에 저 숟가락으로 어떤 음식들이 뜨여지고 들어갔을까? 고려 시대 숟가락을 보며 추억한 자락, 아득한 생의 밥 한 숟가락을 더듬어 담는다.

구절초

시골길을 사이에 두고 집 뒤에 있는 소나무 숲길을 걸어본다. 솔잎 사이로 조각조각 부서져 내리는 햇살, 아이들의 얼굴에도 웃음꽃이 피었다.

바위 위에 걸터앉아 가을의 흥취에 젖어본다. 다람쥐가 물고 가다 놓쳤는지 산길에서 주워서 깨물던 토종밤, 그 속껍질의 떫은맛이 입안 가득 느껴지고 생밤의 아삭이는 소리가 들리는 듯하다.

이 층 창문에서 뒷산을 바라볼 때는 소나무와 갈참나무만 보였는데 산에 들어와 보니 나무 사이로 꽃이 피어있다. 자그마한 흰 꽃을 여러 송이 달고 피어있는 참취꽃, 황색 꽃의 마타리, 하얀 구름 조각들이 내려앉은 듯 청아하게 피어있는 구절초도 보인다.

꽃이 피기 전까지는 자세히 살펴보지 않으면 무심히 지나칠 뻔한 식물이다. 그런데 이런 꽃들도 이름이 있고 꽃을 피워서 제각기 그 멋을 지니고 있다. 누가 보아주지 않아도 때가 되니 스스로 살아있는 몫을 하는데 난 그동안 무엇을 하였던가. 한 집안에 둥지를 튼 지 십 년 만에야 이렇게 아이들과 함께할 수 있으니.

우리네 인생은 한 번밖에 살 수 없다. 식물처럼 봄이 와도 다시 태어날 수 없고 한번 지나가 버린 세월은 돌이킬 수 없다. 연습이 없는 인생. 지금까지의 삶을 한낱 연습으로 돌릴 수 있다면 얼마나 좋을까. 내가 만약 시간을 되돌릴 수만 있다면 초야를 치르던 날부터 아이를 갖기 위해 몸가짐을 바로 하였을 터이다. 시간이 지나 아기가 생기면 별 탈 없이 낳을 것이라는 내 무지 때문에 많은 세월을 돌아와야만 했다.

임신만 했다 하면 잘못되는 딸을 위해 친정어머니는 정화수를 떠 놓고 날마다 비셨다. 이른 새벽 첫 우물물을 길어다가 부뚜막에 놓아 조왕신께 올리고 달빛이 환한 밤이면 장독대에서 비셨다. 유산기가 있다는 전화라도 받으면 한걸음에 달려오셔서 당신 손가락에 끼고 있던 은가락지를 삶아 건네주시던 어머니. 인연이 아닌 아기를 떠다 보낼 때마다 가슴 찢어지는 아픔에 모진 소리만 해대는 딸의 투정을 다 받아주시며 정성껏 돌봐 주셨다.

구절초 위에 가을 햇살이 살포시 내려앉았다. 조선 시대 여인으로 태어났다면 칠거지악에 걸려 소박맞았을 딸을 위해 친정어머니는 구절초를 달여 오셨었다. 검정색에 가까운 진한 갈색의 너무나 쓴 물을 마시며 고향의 뒷산이 그려졌었다. 구절초를 찾아 이산 저산을 헤매셨을 어머니. 자식을 향한 애틋한 정에 따스한 햇살이 어머니의 등을 비추었을까. 딸 이전에 같은 여인으로서 인고의 길에 들어서는 동질의 애잔함과 자식의 허물이 당신의 잘못인 양 참회하는 마음으로 구절초를 달이고 달였으리라.

돌 틈이나 척박한 땅에서도 하얗게 피어난 구절초를 보면 어머니처럼 연약하면서도 강인한 삶을 보게 된다. 그러면서 내가 지금 아이들과 함께할 수 있는 것이 구절초를 달여 주신 어머니의 정성 덕분이라는 생각이 든다.

구절초를 한 송이 꺾어본다. 모양이나 빛깔이 화려하지 않고 담담하다. 내게 있어 이 꽃 한 송이는 고귀한 생명체이며 작은 우주다. 구절초를 달여 먹고 태어난 내 아이들이며 십여 년을 묵묵히 기다려준 시부모님과 남편, 항상 노심초사하신 친정어머니로 엮어진 사랑의 울타리이다.

여린 풀빛 잎새에 하얀색의 구절초가 활짝 필 때면 가을도 무르익는다. 가을이 되면 여러 빛깔로 활짝 피어있는 들국화 중에서 구절초에 관심이 많다.

일 년에 사계절이 오고 가지만 나는 활짝 핀 구절초를 보면 내 인생을 느낀다. 인생을 계절에 비교하면 가을의 문턱에 와 있을 지금의 내 나이. 그동안 뿌려 놓은 것을 한 올 한 올 거두어들일 채비를 할 나이인데, 난 이루어 놓은 것이 아무것도 없다. 오로지 아이만을 갖기 위해서 십수 년을 다니던 직장을 그만두고 이사까지 하였다. 앞으로 무엇을 해야 할 것인가도 아직 정해지지 않은 막막한 상태에서 아이들의 해맑은 웃음과 재롱을 보는 재미로 살고 있다. 비록 주머니에는 동전 몇 닢 달랑거릴지라도 아들딸만 옆에 있으면 세상 부러울 게 없다.

시드는 꽃은 애처롭지만 피어나는 꽃은 어여쁘다. 흐름을 멈추어 본 적 없는 세월은 피어나고 시드는 꽃들 사이로 잠시도 머무르는 법 없이 가고 있다. 속절없이 흐르는 세월 따라 우리의 인생도 흘러가는 것이다.

저 활짝 핀 구절초도 때가 되면 지겠지. 새잎이 돋아나고 꽃을 피우고 씨앗이 여물어 다시 땅에 떨어지는 자연의 오묘한 순환. 꽃이 진다고 바람을 원망할까 세월을 탓할까. 스스로 할 일을 다 하고 흙으로 돌아가는 것을. 본래의 참모습으로 회귀하는 것이다. 새 생명을 잉태한 꽃씨들은 어둑한 흙 속에 묻혀서 껍질 부서져 내리는 아픔을 참으며 다시 태어날 봄을 기다릴 테다.

다른 식물들처럼 구절초의 꽃대도 흙 속에 뿌리를 내리고 있다. 흙은 생명의 근본이다. 식물이 목마르지 않게 수분도 공급해주고 뿌리가 잘 뻗어 나갈 수 있도록 도와준다. 뿌리는 흙을 의지해서 햇볕을 받아들이고 생장점에서 영양분을 충분히 공급받아 식물이 잘 자랄 수 있게 한다.

꽃보다도 더 아름다운 내 아이들에게 난 무엇을 해 줄 수 있을까. 마음껏 자라나고 꿈을 펼쳐나갈 수 있도록 디딤돌이 되어야 할 텐데.

삶의 뿌리를 든든한 대지에 내려 꽃을 피우는 식물처럼 내 아들딸이 활짝 꽃을 피우고 튼실한 씨앗 맺도록 보드라운 흙이 되고 싶다.

옹기甕器가 있는 풍경

사물도 있어야 할 곳에 놓여 있을 때 제빛을 발하는가 보다.

어릴 적 추억이 깃든 고향의 초입. 버드나무 늘어진 개울을 따라 줄지어 늘어선 옹기들이 제 자리를 찾은 듯 편안해 보인다. 시골집 뒤란에 버려졌던 항아리들이 장醬을 담그겠다는 젊은 농부의 손에 의해 이렇듯 정겨운 풍경이 되었다.

크고 투박한 독이나 항아리부터 뚝배기 같은 자그만 옹기까지 수를 헤아릴 수가 없다. 혼자 덩그러니 있는 항아리도 멋스럽지만 항아리 위에 시루며 소줏고리, 등잔을 서너 개씩 올려놓으니 하나의 예술품인 듯 자꾸 시선이 간다.

옹기가 있는 풍경을 바라보면 시할머니가 생전에 저금통으로 쓰셨다는 항아리가 생각난다. 한푼 두푼 모은 돈을 차곡차곡 넣으며, 손주며느리를 볼 때 쓴다고 하셨단다.

위아래가 좁고 가운데는 볼록한 항아리. 기교를 부리지 않은 단순한 모양새에 투박하고 거친 표면이 자연스럽다. 꾸미지 않고 야단스럽지 않은 때깔은 무명 치마를 두른 할머니의 모습을 보는 듯하여 자꾸만 보듬어 본다.

시할머니는 어떤 손자며느리를 원하셨을까? 비록 생전에 뵙지는 못하였지만, 항아리처럼 소박하고 어디에서나 잘 어울리는 편안한 며느리를 원하셨던 건 아닐까. 그리운 마음으로 항아리를 쓰다듬어보니 동전 소리가 들리는 듯 정겹다.

기다림의 미덕으로 항아리만 한 것이 있을까.

마당 가나 뒤란 장독대에서 장을 담고 뚜껑이 열리기를 기다린다. 장을 뜨거나 곰팡이가 날까 봐 가끔씩 열어 줄 때, 잠깐 햇볕을 쬐고는 뚜껑이 닫힌 채 침잠한다. 기다림에 비해 짧은 만남의 하늘, 항아리는 비록 땅 위에 놓여 있을망정 고고하게 하늘을 바라보기도, 기다릴 줄도 안다.

자잘한 자갈 위에 놓여져 볕 바라기 하는 옹기 사이로 꽃이 활짝 피어 산책하는 이의 발길을 잡아끈다. 반을 자른 항아리에 연꽃이며 부레옥잠을 심어 놓았다. 반쯤 벙글어진 꽃에 취해 향기를 맡다 보면 물 위에 개구리밥이 가득 떠 있다. 뿌리까지 버젓이 달고 오종종거리는 아주 작은 생들 사이로 올챙이도 노닌다.

뚜껑이 깨어져 아무것도 담지 못한 항아리가 제 할 일을 다 못하기에 쓸모없다고 느꼈던 시절이 있었다. 비가 갠 어느 날,

빈 항아리 입구에 새들이 앉아서 물을 마시고 있어 달려가 보았다. 가득 담겨있는 물속에는 하늘이 있고 늘어진 버드나무가 하늘거리고 있었다.

독은 비어있기에 그만큼의 하늘을 담을 수 있다지만 난 무엇을 담을 수 있을지. 비우려고 할수록 온갖 탐욕, 근심은 늘어만 간다. 입구가 넓은 독은 그만큼의 하늘이 있고, 작은 독은 그에 따라 작아지는 하늘이다. 있는 그대로를 보여주는 모습이다. 얼키설키 엉킨 내 마음은 어떤 모습으로 비춰질까. 들여다보는 얼굴에 파문이 인다.

내 마음에 맞는 독은 어떤 크기일까 가늠해 본다. 바닥은 넓지만, 입구가 너무 좁아 장을 꺼내기 힘든 옹기는 아닐까. 받기만 하고 베풀지 않고 사는 건 아닌지, 실속도 없이 주둥이만 큰 독처럼 너무 많은 욕심을 부리며 사는 건 아닐까 하는 생각도 해본다.

어깨춤에 힘이 들어가고 가운데가 볼록한 옹기에서 삶의 깊이를 배운다. 모나지 않게 모든 것을 편견 없이 받아들여 마음의 고향같이 편안함을 느끼는 옹기에 비해, 삶의 더께가 붙으면서 펑퍼짐해진 나는 욕심의 거품 덩어리에 소래기조차 열어보지 못하며 산다.

시할머니가 쓰셨다던 저금통 항아리는 복이 많아서 돈이 담겼던가. 돈을 넣건 꿀을 넣건 간에 좋다 싫다 투정하지 않고 자기의 본분인 양 싸안아 책임을 다하는 항아리, 자식이 밉든

곱든 간에 언제나 한결같은 너그러운 어버이의 사랑과도 같다.

스스로 숨을 쉬면서 담긴 것까지도 살아있게 하는 옹기. 청자나 백자처럼 고고하여 대접받지는 못하지만, 독은 우리 어머니들의 손때가 묻어있고 삶의 애환이 담겨있다. 그러기에 올망졸망 옹기가 있는 풍경을 보면 시할머니가 생각나고 인내할 줄 아는 삶의 깊이를 배우게 된다.

마음에 차지 않는다고 투정하며 남의 슬픔에도 아랑곳없이 욕심만 부리던 부끄러운 나의 인생, 항아리의 기다림과 인내심을 본받아 다른 사람들의 아픔과 고통까지도 껴안을 수 있도록 노력하리라.

침묵의 언어로 스스로를 다스리며, 속으로 가득 채우는 인성으로 그저 바라만 보아도 포근한 항아리 같은 사람이 되고 싶다.

파꽃

밭 한 뙈기에 올망졸망 작물이 심겨 있다. 이제 막 꽃을 피우는 감자, 어린 나물일 때 먹었을 노란 유채꽃, 미처 뜯지 못해 웃자란 상추 사이사이에 명아주가 보이는 밭에서 내 눈을 멈추게 한 건 파꽃이다. 튼실한 다리로 꼿꼿이 서 있는 그 싱싱함이라니. 둥근 모양의 꽃을 달고 하늘을 이고 선 저 푸른 기상. 대궁이 텅 비었는데도 쓰러지지 않고 서 있는 파꽃을 보며 밭둑에 앉았다. 혈기왕성한 젊은 청춘을 보는 것 같다.

밭 가장자리에는 돼지감자도 있다. 눈만 뜨면 밭에 나와 작물들을 보살피는 아주머니는 언제까지 하실 수 있을까. 둘이 하던 밭일을 남편이 먼저 가신 후로 혼자 밭에서 산다고 한다. 구청이 바로 옆에 들어서니 땅값이 많이 올라 팔아서 편하게 살 수도 있는 일이다.

친구네 공장 마당에 밭이 인접해 있고 바로 옆에는 구청을 짓는 공사가 한창이다. 공장과 구청 중간에 있는 밭 한 뙈기의 운명이 걱정스럽다. 건물 지어 식당이라도 해야 하는 건 아닌지, 괜스레 걱정이 앞선다.

친구를 만나러 갈 때면 아낙네 치마폭만 한 밭에서 늘 흙을 만지고 계셨다. 머리에 수건을 쓴 아주머니 머리와 등만 곰실곰실거렸다. 덕분에 줄 세워 심어진 작물을 철 따라 보는 재미가 쏠쏠하였다.

파는 음식에 주재료로 쓰이기보다 양념으로 많이 쓰인다. 파 기름이 되어 음식에 풍미를 더해주기도 하고 멸치, 다시마와 육수로 우려져 국물 요리로 탄생하기도 한다. 약방에 감초가 있다면 음식에는 마늘과 더불어 파가 빠지지 않는다. 그래도 내가 음식에 주재료라고 우기지 않고 고명으로 오르거나 요리재료에 스며든다.

대파꽃 옆에는 쪽파가 줄 세워 심겨 있다. 쪽파는 그나마 파김치로 담긴다. 주재료인 셈이다. 지역에 따라서 대파로 김치를 담그기도 하지만 보통은 육개장이나 라면, 볶음요리 재료에 어울린다.

봄과 여름 사이에 피는 파꽃, 저도 꽃이라고 하늘을 향해 힘차게 뻗어있다. 얇게 뿌리 내려 뽑히기 쉬운 대파, 하얀 뿌리 땅에 박혀 그래도 꽃을 피웠다. 장미꽃처럼 화려하지는 않지만 자북자북 피어있는 파꽃을 보면 하늘을 향해 일제히 꼿꼿이 머리를 쳐들고 있어 아침 일찍 점호를 받으려고 연병장에 집합한 군인들 같다.

파꽃은 반투명 껍질을 스스로 벗겨내면서 꽃을 피운다. 하얗게 삐죽거리는 꽃 모양이 특이하다. 지구상에 종족 번식을 위해서 노력하지 않는 식물이나 동물이 없듯이 파꽃도 꽃대 위에서 계절을 불사르고 있다. 활짝 핀 꽃 끝에 노란 수술이 앙증맞다. 원기둥 모양의 꽃줄기 끝에 공처럼 둥근 산형 꽃차례를 이루며 빽빽이 달려 핀다.

꽃 한 송이에도 무수히 달린 꽃술. 곧 검은 씨앗들을 품어 내리라. 파꽃이 피기 시작하면 줄기가 억세 진다. 영양가가 떨어지고 맛이 없어 먹기에 적합지 않다. 제 속 비워가며 씨앗을 남기기 위해 최선을 다하는 파꽃은 희고 둥근 모양으로 피어 씨를 날린다.

5월은 파꽃이 피는 계절. 햇살과 땅 힘을 쭉쭉 빨아들여 우리를 먹여 살리던 파가 장마철이 오기 전에 온 힘을 다해 꽃 피우고 열매를 맺으며 다음을 기약한다. '꽃과 열매에는 자연의 작업이 가장 잘 응축돼 있다'는 루소의 말이 파꽃을 보며 되새겨지는 계절이다.

세상의 중심에 서는 것, 더욱더 높은 자리에 오르는 일, 힘 있는 자리, 남을 지배하는 삶의 방식에서 보면 보잘것없는 파꽃. 음식 재료의 조연이지만 묵묵히 꽃 피워 씨앗을 품는 꽃, 꽃이라고 하기에도 밋밋하고 더없이 수수한 꽃이다.

어떻게 보면 자식 키우고 밭을 일구는 일에 한평생 바친 아주머니 같은 꽃, 땅값이 오르건 말건 곡식이나 채소를 심어 김매고 복 돋아주어 수확하는 일이 전부다. 파꽃 같은 아주머니를 보니 지혜로운 삶이 무엇인지 알 것만 같다.

2부

막사발

선이 자유자재로 그려져 있는 사발 두 개를 얻었다. 단아하고 은근한 때깔이 눈길을 끈다. 물레 앞에서 혼신을 다했을 도공의 손놀림이 그릇 속에 묻어왔다. 둥그런 모양새에 얇은 굽, 허리께도 적당히 불러있다.

매일 사용하는 그릇은 그 성질에 따라 사용하는 사람의 심성에 영향을 주지 않을까. 인공조미료는 되도록 넣지 않고 인스턴트보다는 직접 요리를 해주면서 가족들 건강은 챙겼지만, 음식이 담기는 그릇에는 별로 신경을 쓰지 않았다는 것을 깨달았다.

커다란 함지박, 밥과 국, 찬이 담기는 그릇에서부터 앙증맞은 찻잔까지 다양한 종류의 그릇은 생활 속의 예술품이라고 할 수 있다.

그릇 속에는 그릇을 빚었을 도공의 숨결이 들어있다. 그릇을 만드는 사람이 곧 쓰는 사람이라고 믿는 장인의 정직한 손끝에서 태어났다. 수수한 인상의 도예가 성품이 담겨있는 듯 은근한 빛깔의 사발에는 서민들의 질박한 이야기가, 가마솥에서 금방 푼 따끈따끈한 밥이 담겨있어야 어울릴 듯하다.

그릇으로 친다면 나는 어떤 모양일까. 내가 좋아하는 아담한 찻잔도 아니고 고운 빛깔의 와인이 담기는 투명한 크리스털잔도 아니다. 어디서나 흔히 볼 수 있는 막사발이나 될까. 막사발도 본래의 때깔을 잃어버린 지 오래다.

아이들이 있기 전에는 문양이 있고 기품 있는 귀족 취향의 고급 찻잔이 되고 싶었다. 막사발보다는 명품자기가 되기를 바랐다. 하지만 자식을 낳기 위해 직장을 그만두고 나서는 어떤 크기이건 간에 모든 걸 담을 수 있고 어디서나 어울릴 수 있는 그릇이 되어야 엄마다운 것이었다.

엄마란 위치는 결코 쉬운 자리가 아니다. 뜨거운 솥단지에서 곰탕을 만들 듯 단련되어야 한다. 꽉 찬 알갱이처럼 완전한 엄마가 못될지라도 쭉정이 날려 보내는 키질에서도 버텨야 하는 자리 아니던가. 하지만 매번 부족함을 절절히 느끼며 살아가고 있다. 진국인가 하고 곰솥 뚜껑을 열어보면 냄새가 나거나 설 끓이기도 했다. 지나고 보면 쭉정이 속에 알맹이도 섞여 나가 후회하기도 한다.

사람의 인품과 인성을 그릇으로 표현하기도 한다. 한 나무에서 핀 꽃인데도 열매를 맺으면 제각각이듯 뱃속에서 똑같이 있다가 일 분 차이로 태어난 쌍둥이라도 성격이 다르다. 그림을 그리는 것만 보아도 금방 알 수 있다. 주저하지 않고 대담하게 쭉쭉 그린 다음 대충 색칠하는 딸아이는 외향적이고 대담하다. 스케치북을 앞에 놓고 머릿속으로 구도를 잡은 다음 꼼꼼하게 밑그림을 그린 후에야 색깔을 입히는 아들은 차분하고 감성적인 편이다.

성격과 취향이 다른 아이들에게 똑같은 결과를 기대한다는 것은 무리이리라. 그릇이 커야 많이 담을 수 있어 큰 동량이 된다고 하는데 자식에 대한 욕심이 지나치지 않고 아이들 능력에 맞는 만큼만 기대하기를 소망해 본다.

그래도 어미로서 바라는 바가 있다면 순도 높은 백색의 자기보다는 가장 흔한 재료로 쉽게 만들 수 있는 막사발 같은 그릇이었으면 한다. 거기다 한 가지 욕심을 보탠다면 정교한 기법과 다양한 색채가 있어서 어디에서나 어울린다면 무엇을 바랄까.

노란색 국화꽃을 꺾어 들고 선물이라고 내미는 딸. 된서리가 내린 스산한 겨울 날씨에 아직 시들지 않고 피어난 국화가 있다니, 사발에 꽂아서 장식장 위에 놓았다. 진한 국화 향기가 방안을 감돈다.

막사발은 이래서 좋다. 밥이나 국도 담을 수 있지만, 꽃을 담고 있어도 어울린다. 농부같이 투박하고 소박한 사발은 막

걸리를 담아서 마시면 서민의 그릇이 되고 이도다완처럼 문화적 국가의 자긍심을 보여주는 자기瓷器도 된다. 이도다완[1]이라 불리며 보물로 대접받는 조선 시대 찻사발처럼, 평범하고 수수하지만, 품위 있는 사람으로 아이들을 키우고 싶다.

---

1) 이도다완: 임진왜란 당시 일본으로 건너간 것으로 알려진 조선 시대의 찻사발
일본인들이 이도다완이라 부르며 보물로 대접하고 있다.

바지랑대

장맛비에 떨어진 땡감으로 마당이 어지럽다. 유년이 사라진 고향 집에는 추억만 아른거린다.

어릴 때는 시골이 불편하다고 여긴 적은 없었다. 지금 생각하면 도시보다 열악한 환경이지만, 가끔은 예전의 삶을 꿈꾼다. 쫓기는 생활이 아닌 포근하고, 기다림이 있으며 이야기가 있는 언젠가는 반드시 돌아가야 할 것 같은 곳이다.

고향은 그리움의 대상이며, 마음의 둥지이고 안식처이다. 문득 누군가 그리운 날 찾아가고 싶고, 추억의 장을 넘겨보고 싶은 풍경이기도 하다. 그런 추억이 쌓여 있기에 동경하며 현실의 힘듦을 견디는지도 모른다. 아픈 자와 삶에 지친 자에게 치유와 회생의 공간이 대지랭이 마을이다.

오랜만에 찾은 고향에는 외지인도 많이 산다. 우리가 살았던 집도 다른 사람이 살고 있다. 마당, 텃밭, 장독대, 우물은 있던 그대로인데 아기자기하게 잘 꾸며 놓았다. 유년의 기억에는 빨랫줄에 온 가족이 매달려 있고 그를 힘겹게 떠받치고 있던 아버지 같은 바지랑대가 있었는데 빨랫줄도 바지랑대도 보이질 않아 마음이 허허롭다.

고향 냄새는 언제 맡아도 익숙하고 포근하다. 두타산을 휘돌아온 바람마저도 달곰하다. 햇살 따사로운 날, 마루에 앉아 앞산을 바라볼 때면 바람도 살랑거렸다. 빨랫감이 많을 때는 마을 건너 빨래터를 다녀오지만 적을 때는 샘에서 길어 올려 손으로 비벼 빨았다. 금방 널은 옷가지에서 떨어지는 물방울은 마당에 작은 구멍을 내며 고였고 젖은 옷가지가 잔뜩 널린 빨랫줄을 떠받친 바지랑대는 불어오는 바람에 맞춰 건들거렸다.

우리 집 빨랫줄은 처마 밑에서 돌담 옆 모과나무까지 마당을 가로질러 걸렸다. 줄에는 늘 온 가족이 걸려 있다. 옷가지가 널릴수록 힘에 겨운 빨랫줄은 축 늘어진다. 무거워진 빨랫줄은 바지랑대로 가운데를 치켜 올려주면 한결 가벼워 보인다. 가끔은 축 처진 내 삶의 줄을 탱탱하게 받쳐주는 바지랑대가 있었으면 좋겠다.

남편 혼자 힘겹게 빨랫줄처럼 축 늘어져 있을 때 내가 바지랑대가 되어 힘을 보태겠다고 한 적이 있다. 그랬는데 너무 힘겨웠는지 내게 모두 넘겨주고 떠나가 버렸다. 바지랑대에서 빨랫줄이 돼 보니 젖은 빨래처럼 무겁고 고단한 삶이다. 늘 양팔이 힘겨웠고 무거웠다. 감당하기 힘든 시간일 때면 내가 제대로 된 길을 가고 있는지 자문하기도 했다.

살면서 내 가족이 아닌 남을 위해서 누구의 바지랑대가 되어 본 적이 있던가.

내게도 삶의 바지랑대가 필요했다. 늘어진 빨랫줄에 바지랑대처럼 쳐들어 꼿꼿하게 받쳐주는 도움이 절실했다. 병시중으로 힘들어 축 처져 있을 때, 내게 힘내라고 빨랫줄을 함께 잡아준 이들. 늘어진 빨랫줄에 바지랑대를 걸쳐 올려 힘듦을 나누었던 이들, 물기 많은 빨래를 쭉 짜서 툭툭 떨어 다시 널어준 이들.

누구는 마음으로, 때론 먹을거리로, 영양제로, 아니면 밥벌이에 보탬이 되어 준 고마운 사람들. 그분들의 사랑으로 한겨울 꽁꽁 얼어붙은 빨래일지라도, 소낙비를 온전히 맞고 있을지라도, 햇볕 쨍쨍함 속에서도 일어설 수 있었다. 그 힘은 유년 시절 고향 집 마당에 매여 있던 빨랫줄처럼 마음을 포근하게 한다.

갓 헹구어 널어놓은 빨래에 햇살 한 자락 걸친 바지랑대가 곧추서 있다. 오로지 빨랫줄만을 위해 온몸을 다 바치는 바지랑대가 고귀해 보인다. 작은 바람에도 몸은 흔들거리지만, 가족을 생각하는 것처럼 넘어지지 않으려 애를 쓴다.

햇볕과 바람이 머물다 가는 곳, 흙 마당이 주는 푸근함, 그

위에 연결돼 있던 빨랫줄, 그를 받쳐주던 바지랑대. 지금은 사라졌지만 내게는 영원한 그리움이다.

아오리와 쌍둥이

햇볕 따사로운 봄날 과수원은 온통 꽃밭이었다. 연분홍빛 꽃봉오리가 꽃잎을 활짝 열면 사과꽃은 하얀색이 된다. 하얗게 만발한 사과나무, 눈꽃송이 되어 떨어진 꽃과 꽃다지, 냉이꽃이 지천으로 깔린 과수원에서 함박웃음 날리며 뛰어노는 아이들을 바라보고 있으면 영화의 한 장면인 듯 황홀했었다.

꽃이 진 자리에 열매가 주렁주렁 달렸을 때, 아이들과 과수원까지 걸어서 가보면 대여섯 개 달린 열매 중에 제일 좋은 것만 남기고 나머지는 솎아내고 있었다. 고품질 사과를 만들기 위해 적과를 하는 것이다. 크고 튼실한 사과를 위해서 가위에 잘려 땅으로 떨어진 열매가 내 눈에는 예사롭게 보이지 않았다. 긴 세월 삼신할머니에게 자식을 점지 받지 못했던 내 모습 같았기 때문이다. 아니면 뱃속에 잠시 둥지를 틀었다가 인연이 되지 못하고 가 버린 태아들 같은 느낌 때문이었는지 가슴까지 시렸었다.

꽃으로 가득하던 과수원에서 꽃을 따주고 열매를 솎은 지가 엊그제 같은데 사과는 우리 아이들 주먹만 하게 커지더니 어느새 수확이다. 하루가 다르게 커가는 사과처럼 우리 집의 행복도 커졌으면…….

서리가 내려야 따는 빨간 부사에 비해 여름에 결실을 맺는 연둣빛 사과 아오리. 우리 아이들의 상큼한 미소마냥 싱그러운 사과를 한 입 베어 물면 새콤달콤한 즙이 입 안 가득 고인다. 껍질을 한 꺼풀 벗겨내면 속살도 연둣빛이어서 겉과 속이 변함없는 진국 같은 사람을 보는 듯한 아오리는 바람이 조금만 세게 불어도, 비가 많이 내려도 나무에서 잘 떨어진다. 그래서 조심스럽다. 사과를 딸 때도 갓난아기 다루듯 살짝 쥐어야지 조금만 세게 잡으면 손자국이 나서 상품성이 떨어지고 저온 창고에 오랫동안 보관도 못 한다.

쌍둥이가 태어나던 날은 언니네 아오리 사과를 따려고 하던 날이었다. 그러나 출산 때문에 사과를 따지 못하자 내리는 비에 다 떨어져 버렸다. 이른 새벽 양수가 터져서 병원으로 갈 때 언니도 같이 가 주었다. 이번에 또 잘못되면 어떻게 하나 싶은 생각이 들었는지 안절부절못하는 남편. 몇 년 전만 해도 그렇지가 않았다. 그때도 쌍둥이를 임신한 나는 엄청나게 부른 배를 부둥켜안고 아프다고 하는데도 남편은 하혈해서 피가 묻어 있는 옷을 갈아입어야 병원에 간다고 버티었다. 조산인데다가 너무 늦어서 가망 없다는 의사에게 쌍둥이니까 한 아이만이라도 살려달라고 소리치던 그때도 새벽이었다. 힘들게 가진 아기를 허망하게 떠나보내고 죽음까지 생각했던 나를 보아온 남편은 그 일을 생각하고 조바심 냈는지 모른다.

우리 부부의 애간장을 태우고 쌍둥이가 무사히 세상에 나왔을 때는 내 설움인 양 비가 추적추적 내렸었다. 십 년 만에 자식을 얻었을 때의 기쁨을 무엇으로 표현하리. 태어난 아이들이 정상이고 건강하다는 소리를 듣고 감격의 눈물을 얼마나 흘렸는지 모른다.

세상을 다 얻은 듯한 벅찬 감동의 기쁨도 시간이 지나면서 사그라지고 내 얼굴은 늘 일그러져 있다. 자식을 갖기 위한 일념 하나로 시골로 이사까지 했는데 소망이 이루어지고 보니 촌에서 쌍둥이한테 시달리며 사는 내 처지가 한심하게도 느껴졌다. 타지라서 친구들 만나는 건 꿈도 못 꾸고 외출 한번 못한 것은 물론 화장실조차 마음 편하게 가 본 적이 몇 번이었던가.

친구들은 자녀들 대학 입시를 걱정하는데 내 아이들은 유치원에도 못 들어갔으니 언제 키우나 조바심이 났었다. 생각했던 대로 아이들이 따라주지 않을 때 소리 지르고, 자로 잰 듯 자르고 나눈 틀 밖으로 아이들이 나갈 때면 매도 들었다. 회초리는 하나여야 된다는 예전의 지론은 어디로 가 버리고 눈에 띄는 모든 것이 회초리가 되어있을 때, 마음은 쓰라렸다. 그럴 때의 내 모습은 참으로 불안하고 초라하고 가난하기까지 하였다.

사과나무 속에 파묻혀 아오리를 따니 힘은 들지만, 마음이 한껏 커졌다. 그동안 아이들을 키우느라 집안이라는 울타리에 내 마음까지 가두어놓고 힘들어했다. 동그란 사과는 마음에 여백을 두어 넉넉해지라고 일러준다. 어떤 것이 이득이 되고 손해가 되는지 따지지 말고 내 것 네 것을 고집하지 말고, 이것은 꼭 이렇게 해야 된다는 틀을 깨버리고 자유롭게 살라고 한다.

사과 한 개가 내 손에 들어오기까지는 봄부터 겨울까지 사과밭에 많은 정성을 들인다. 땀과 정성뿐 아니라 비와 햇살과 흙의 자양분이 모여 숱한 인고의 시간을 보내고 얻어진다. 한낱 과일인 사과도 그럴 진데 우리 인간이야 얼마나 많은 시간과 정성이 필요할까. 서둘러 꽃을 피우려고 꽃눈을 터트려본들 꽃은 피어나지 않는다는 것을 왜 진작 깨닫지 못했는지. 아이들을 가르치고 때로는 배우며 지내다 보면 어느 날 엄마 품을 떠나려 하고 있을 텐데. 그동안 왜 아옹다옹했는지 모르겠다.

사과 묘목이 어느 정도 성장을 해야 꽃이 피어나듯 아홉 달 동안 자궁에서 있다가 탯줄을 끊고 태어난 쌍둥이를 사과의 일생에 비유하면 꽃봉오리에 해당될까. 쌍둥이가 꽃봉오리라면 난 아직은 설익은 사과여서 풋내 나는 어설픈 엄마이리라. 아오리 사과나무 옆에서 자라고 있는 부사는 지금은 풋내나지만, 가을볕과 소슬한 바람을 안고 초겨울 서리를 맞아야 맛 좋고 때깔 좋은 사과가 된다. 그만큼 심성 바른 건강한 아이로 키우려면 많은 시련을 견디고 부단한 노력을 해야 하리라.

사과가 익기까지는 한 해면 되지만 난 얼마만큼 시간이 지나야 성숙한 어머니가 될는지. 내 인생이 다하는 날까지는 익기나 할까. 바구니 가득 담긴 아오리가 한낱 사과로 보이지 않는다.

개망초

앙증맞은 텃밭이다. 가지, 풋고추, 방울토마토가 탐스럽고 양배추와 갖가지 푸성귀들이 다붓다붓 자라고 있다.

오늘 봉사하는 고등학생들이 할 일은 잡초를 뽑는 일이다. 기말고사를 숨 가쁘게 치르고 일 년에 두 번 하는 봉사활동이다. 기숙사에만 있던 아이들이 딱해 바깥공기라도 쏘이라고 교외로 봉사 장소를 정했지만, 공부에 지친 아이들은 차 안에서 잠만 잤다.

여기는 대안학교이다. 장애 학생들이 공부하는 곳이라 밭을 가꾸기에는 벅찰 것 같았다. 교장 선생님은 텃밭 가장자리에 무성한 개망초는 내버려 두라고 말씀하셨다. 그러고 보니 밭 대부분은 개망초가 다 점령을 하고 가운데만 겨우 잡초를 제거한 꼴이다.

공부만 했던 아이들은 개망초를 몰랐다.

"꼭 계란 프라이를 해 놓은 것 같지 않니? 그래서 계란 꽃이라고도 해." 상기된 채 꽃에 관해 설명하지만 통 관심이 없다.

비가 온 뒤끝이라 잡초는 잘 뽑혔지만, 뿌리에 붙어있는 큰 흙덩이를 아이들은 조금씩 손으로 떼어 내고 있다. 햇볕이 더 뜨겁기 전에 얼른 정해진 분량의 잡초를 제거해야 하는데, 속이 타는 것은 인솔자인 나뿐이다.

나물로도 먹는 개망초를 누가 잡초라고 했을까. 잡초란 인간이 원하지 않는 곳에서 자라는 식물일 뿐이다. 만일 원하지 않은 곳에서 원하는 곳으로 옮겨준다면 그것은 잡초를 나물이나 약초로 바꿔주는 일이 될 것이다.

토킬의 '민들레 모델'이 생각난다. 자폐를 장애로 바라보는 시각에서 차별화된 경쟁력으로 주목하는 사고의 전환. 토킬은 자폐인들이 가장 잘 할 수 있는 위치로 옮겨주는 이 여정을 '민들레 모델'이라고 하였다.

이곳 대안학교 학생들도 보면 어떤 영역에서는 부족할지 몰라도 특정 영역에서는 천재일 수도 있다. 아스퍼거 증후군, 서번트 증후군, 자폐 등이 있는 학생들에게 음악이나 그림 같은 예술적 능력을 키워주면, 그 분야에서는 타의 추종을 불허한다. 일상에서 관계와 소통에 어려움을 겪는 아이들을 기술적 기량으로 키워주는 일이 이곳 대안학교에서 하는 일이다. 헌

신과 봉사로 최선을 다하는 교장 선생님을 예전부터 보아 왔기 때문에 고등학생인 아들의 봉사활동도 이곳으로 자주 왔었다.

개망초는 그 매력이 은근하다. 수수하면서도 곱다. 망초꽃이 지천인 밭에 바람이 선들거리면, 그 바람결을 타고 춤을 춘다.

장미 같은 화려함이나 산언저리에 핀 산국처럼 진한 향은 없지만, 바람에 건들거리는 모습을 보면, 나 여기 있다고 나직한 목소리로 노래하는 것 같다. 똑같은 교복과 짧은 머리를 한 여러 학생 중에서 스펙 좋고, 공부 잘하고, 배경 좋아서 눈에 띄는 학생이 아니다. 고만고만한 집에서 태어나 밤잠 안 자고 혼자 부지런히 공부밖에 할 줄 모르는, 있는 듯 없는 듯 눈에 띄지 않는 내 아이와 같은 꽃이다.

배경 좋은 아버지면 그것으로 족하다. 굳이 어머니가 뭐 하는지 잘 묻지 않는다. 그러나 어머니가 일하면, 아빠는 뭐 하는지가 궁금한 사회이다. 그래서 종종 난처한 경우가 있다.

아이가 어떤 장점이 있고 어떤 일에 탁월한 능력이 있는가보다 부모가 어떤 사람이고, 어떤 학교를 나왔는지가 더 우선시됨으로써 초반부터 균등한 기회가 주어지질 않는 것이다.

같은 흰 색깔 꽃이라고 똑같은 꽃이 아니다. 비닐하우스에서 온도와 습도 맞추어 애지중지 길러낸 안개꽃과 조그만 틈만 있어도 비집고 꽃대 올려야 하는 망초꽃하고는 성장의 과정부

터가 다른 것이다.

설렁설렁 풀을 뽑던 아이들에게 달팽이가 잡혔다. 신기한 구경거리다. 예전에는 노력만 하면 개천에서도 용이 날 수 있었다. 저 아이들은 몇 배 노력을 해도 들어갈 문은 좁고도 좁다. 그러니 열심히 하는 공부는 기본이고, 자신의 잠재능력을 키우기보다는 봉사활동 등 다양한 스펙을 쌓는데 대부분의 시간을 할애한다. 화려한 스펙을 요구하는 현실이니 안타깝지만 바라볼 수밖에 없다. 기왕 해야 한다면, 단순히 스펙을 위한 활동보다는 장기적인 관점에서 무엇이 진정으로 자신을 위한 것인지를 파악하고, 자신을 다듬어가는 과정이 되길 바랄 뿐이다.

부족한 부모를 원망하지 않고 주어진 일에 최선을 다하는 아들처럼, 열악한 환경을 탓하지 않고 적응하며 꽃을 피우는 개망초를 보고 있자니 마음이 애잔해진다.

개망초꽃은 두 해만 살다가는 꽃이다. 작고 존재감 없는 소박한 꽃이어서 눈에 띄지도 않는다. 버려진 땅에, 희망을 놓아버린 땅에 지천으로 피어 다른 희망의 모습을 만든다.

부모가 좀 부족하고 스펙이 많지 않아도, 열심히 공부하고 땀 흘리다 보면 제 능력을 발휘할 날이 올 것이다. 개망초의 꽃말처럼 가까이 있는 사람은 행복하게 해 주고, 멀리 있는 사람들마저도 가까이 다가오게 할 수 있으리라.

어느새 텃밭이 환해졌다. 밭 가장자리에 흐드러지게 핀 개망초도 환해졌다.

악착동자

천년고찰 청도 운문사 가는 길은 그리움과 설렘의 시간이었다.

같은 학교를 졸업하고 함께 직장에서 근무하던 후배가 스님이 되었다. 스님을 만나러 가는 길, 옛 동료들이 30여 년 만에 만났다. 만나지 않은 긴 세월이 어색할 만도 한데 시간을 거슬러 우린 모두 이십 대 초반으로 돌아갔다. 오랜만에 '미스 므', '모 언니' 소리도 들어보면서 은행에서 같이 근무하던 그 시절을 소환해 추억 속으로 빠져들었다. 다들 좋은 동료로의 추억으로 즐겁다 맨 나중에 소환된 한 사람, 인격 장애가 있는 분이었다. 왜 그는 유독 스님이 된 후배에게 사사건건 트집을 잡았을까. 혹시 출가를 결심하는데 그 사람이 한몫했으리라는 추측만 할 뿐이다.

스님 소리만 들어도 가슴이 아련하고 눈물이 핑 돈다. 수행자의 길을 가고자 출가는 아무나 할 수 있는 일이 아니다. 머리 깎고 옷 바꿔 입는다고 스님이 되지 않는다는 걸 알기에 눈물겹다.

운문사 들어가는 첫 문은 일주문이나 사천왕문이 아닌 범종이 걸린 이층 누각이다. 비구니 스님들 도량이어서 그런지 포근하다. 처마의 양쪽 날개가 비상하는 날갯짓 모습으로 반긴다.

운문사는 비구니 스님의 강학 공간인 운문승가대학이 있다. 130여 명 학인 스님들이 새벽 4시부터 취침할 때까지 꽉 찬 시간표 따라 생활을 한다. 마침 우리가 간 날이 오백나한전 회향일이라 평소에는 들어가지 못하던 스님들의 수행 공간을 구경할 수 있었다. 많은 장서를 갖춘 도서실, 깨끗한 기숙 시설을 갖춘 도량이었다.

공양간에서 점심을 먹고 있는데 스님이 왔다. 세월이 비껴간 만큼 맑은 모습으로 인사를 하는 고봉 스님. 공양 후 차 한잔하기로 하고 가는 뒷모습을 물끄러미 바라보다가 옆 동료를 보니 눈물을 흘리고 있다. 머리 깎고 스님 복장을 한 모습이 생경하기도 했지만 오랜만에 보는 반가움을 눈물 한 모금, 비빔밥 한 숟가락으로 애써 눌렀다.

대웅보전에는 비로자나불이 홀로 법당을 지키고 있다. 예를 갖추어 삼배를 올렸다. 불단 서쪽의 천장 아래에는 반야용선이 있다. 중생을 태워 피안의 세계로 인도하는 배다. 아랫부분에는 작은 종들이 일렬로 달려있고, 종 아래로 대롱대롱 줄에 매달려있는 앙증스러운 나무 조각상이 있다. 악착동자이다. 극락정토로 향하는 반야용선이 출발할 때 한발 늦은 보살에게 사공이 밧줄을 던져 주었다. 항해 내내 보살은 악착같이 매달려 끝끝내 정토에 닿았다. 푸른색 머리에 주황색 띠를 두른 초록 상의, 하얀 바지를 입고 외줄에 매달린 보살이 왠지 안쓰럽다. 나는 저렇게 간절한 마음으로 무엇을 한 적이 있었던가.

고봉 스님이 악착동자에 대해 설명한다. 원래는 청의동자靑衣童子라고 해야 한다는 사람도 있는데 스님들은 악착동자라고 한다고. 내가 원하는 것을 위해서 악착같이 올라가고, 수행을 위해서는 악착같이 참아야 한다. 보통 반야용선을 타고 간다고 하는데 현실적인 장소를 의미하는 극락도 있지만 내가 깨닫는 부처님 그 자체가 극락이듯, 그 깨달음에 다다르기 위해서 나태하지 말고 열심히 올라가라는 의미로 해석한다고.

스님 눈가가 촉촉이 젖은 듯 보인다. 속세의 모든 인연 버리고 마음의 눈물을 얼마나 흘렸을 것이며, 많은 번뇌로 고민하였을까. 특히 부모님을 생각하면 운문사 입구 소나무 숲길을 지나온 솔 내음만 맡아도 사무치게 그리웠으리라. 모습만 떠올려도 가슴이 저리고 눈물 쏟았을 테다.

학인 시절에는 자세부터 교정했다고 한다. 일찍 일어나서

예불과 공부, 후원일 등으로 육체도 힘들지만 정신이 하나도 없어 바짝 긴장해야 한단다. 정신없는 시간에도 마음의 고통과 번뇌는 쉽사리 사라지지 않았을 터. 악착동자 악착의 의미는 중생보다도 스님이 되기 위해 정진하는 이들의 깨달음 아니었을까.

그러고 보면 반야용선은 물리적인 배가 아니라 마음속 깨달음의 배다. 모든 일은 마음먹기에 따라 달라진다고 하지 않던가. 사바세계의 고해苦海를 건너 피안의 세계로 가는 배다.

운문사 곳곳을 학인 스님이 안내하고 있다. 모두 앳된 소녀들이다. 스님도 이곳에서 학인 생활을 하였다고 한다. 지금 저 소녀들 일상이 힘들다고 강조하니 고봉 스님도 학인 시절에 고생을 많이 하였으리라 짐작한다.

출가 이유야 알 수 없지만 마음의 자유와 평화를 찾고, 나를 찾기 위해서가 아니었을까. 출가가 삶의 큰 전환점이 되었을 스님. 수행자로서의 삶에 마음의 평온이 느껴진다.

비구니 스님의 정원을 거닐며 고봉 스님은 하심을 배워야 하는데 잘 안 될 때가 있다고 하였다. 괴로움의 근본도 마음에서 오는 것. 나를 내세우니 마음이 일어날 때가 있는데, 생로병사에 관련된 일이라면 얼마나 더 할까 싶다고. 그래서 중생인 우리들이 더 존경스럽고 대단하단다. 중생의 삶이 부처고 선지식이라고.

스님 친견 후 죽비로 한 대 맞은 듯 깨달았다. 완벽한 사람이 되려고 하지 말고 마음을 낮추도록 노력해야겠다. 밥벌이에서 오는 갈등 좀 더 비우고 악착같은 욕심 내려놓고 초심으로 돌아가련다.

운문사에서 돌아오는 길, 동료들 얼굴에 웃음꽃이 활짝 피었다.

내 마음의 향기

찻잔을 들고 볕 좋은 창가에 앉는다.

햇살이 어둠을 밀어내면 지난밤에 흐트러졌던 삶의 흔적들을 말끔히 치우고 차 한 잔 마시는 이 시간이 좋다. 내 손끝에 정갈해진 집안에서 청소할 때 틀어놓은 라디오의 볼륨을 줄이고 비스킷이나 빵 한 조각을 차와 함께 할 수 있는 잠깐의 여유로움이 더없이 소중하다.

커피는 한 모금 넘기는 맛보다 향이 좋다. 갓 구워낸 빵에서 나는 빵의 냄새와 커피의 향은 사람들을 기분 좋게 한다. 그래서 향기로 마케팅을 하는 곳에서는 일부러 빵과 커피의 향을 내보낸다고 하지 않던가.

집안에 향기로운 냄새가 퍼지면 방에서 비디오를 보던 아이들이 웃으면서 뛰어나온다. 커피 맛이라도 보려고 티스푼에 묻은 한두 방울 빨아대며 무언의 눈길을 보내면 난 아이들에게 빵을 갖다 준다. 종류별로 다양한 빵을 아이들에게 사다 주다 보면 내 어린 시절이 생각나서 풋풋한 웃음이 나오곤 한다.

먹고살기도 바빴던 시절이니 지금처럼 팥소가 들어가고 맛을 가미한 빵은 구경하기도 힘들었다. 초등학교 시절에 도시락을 싸 오지 못할 정도로 극빈한 아이들에게 주는 노란 빵이 있었다. 옥수수 가루로 만든 그 빵이 얼마나 먹고 싶었는지 아랫집 언니에게 보리밥으로 싼 내 도시락을 주고 바꾸어 먹었다. 노란 빵은 어머니가 만들어주시던 개떡에 비해 색다른 맛이어서 아주 조금씩 베어가며 아껴먹었었다.

내가 빵을 처음 만들어본 것은 중학교 때다. 어머니는 개떡이라고 하였는데 떡보다는 빵에 가깝지 않았나 싶다. 학교가 파하고 십 리 길을 걸어 집으로 오면 해는 산마루에 걸려 있는데 밭일 나간 부모님은 소식이 없다. 그러면 자배기에 보리쌀을 빡빡 씻어서 불을 때어 한번 끓인 다음, 일부는 대나무 조리로 소쿠리에 건져 놓는다. 남은 보리쌀 위에 쌀 한 움큼을 씻어서 넣고 어머니가 가끔 하시던 대로 사립문 옆에 돌담 위로 기어 올라온 호박잎을 밥 위에 깐다. 밀가루에 소금을 넣어 개어두었던 반죽을 호박잎 위에 평평하게 깔고 불을 때면 밥이 되면서 나만의 빵도 익어갔다.

보리밥이 뜸들 시간을 기다렸다가 솥뚜껑을 열면 가마솥에선 김이 모락모락 나고 부엌에는 빵 냄새가 시나브로 번진다.

따끈따끈한 빵을 집어 들고 누가 볼세라 뒤꼍으로 갔다. 감나무 아래 장독대에 앉아 가끔 부엌문과 일직선으로 연결된 사립문으로 누가 오나 살펴보며 먹던 빵 맛은 그야말로 환상적이었다. 빵 밑에 깔았던 호박잎을 소죽 쑤는 솥에 넣고는 아무 일 없었다는 듯 시침 떼곤 하였는데 어머니는 그때 눈치 채고 계셨을까. 보리밥에서 풍기던 빵의 냄새를, 호박잎에 묻은 밥알에서……. "우리 딸 다 컸네 이제 저녁밥도 지어놓고." 하시며 머리를 쓰다듬어 주시던 어머니는 알고 계시면서도 딸만의 비밀을 지켜 주셨으리라.

언젠가 이웃집에서 동부를 가지고 왔기에 개떡을 만들어 보았다. 밀가루에 소금과 동부를 섞고 찜통에다 예전의 호박잎 대신 면 보자기를 깔고 얇게 펴서 쪄냈더니 색다른 맛이 났다. 제일 많이 집어먹던 남편은 또 먹고 싶은지 누구네 집에서 콩 안 가지고 왔느냐며 콩 타령이다.

입맛이 달라서인지 몇 입 베어 물더니 먹지 않던 아이들. 달걀 버터 우유를 넣은 반죽에다 달콤한 내용물이 들어가는 단 과자까지, 부드럽고 달콤한 빵 맛에 맛 들인 아이들에게 달랑 밀가루로만 만든 빵이 입맛에 맞겠는가. 어릴 적 입맛에 맞는 막 빵을 향수에 젖어 남편과 내가 먹었듯 흐르는 세월 따라 빵 맛도 입맛에 맞게 변했음이라.

세월의 흐름 속에 삶의 질은 향상되고 의식주 또한 변화하기 마련이다. 산촌에서 빵집이 있는지조차 모르고 그저 어머님이나 내가 만든 빵만이 전부인 양 살아온 시절은 지나고 이제 빵도 브랜드 시대가 되었다. 빵의 종류만 해도 다양하다.

우리가 그려나가는 인생사가 저마다 다르듯 빵의 모양도 만드는 이의 손길에 따라 모양이 다르다.

기다란 바게트를 보면 인생을 함께 살아갈 남편 같다는 생각이 든다. 대하는 모습은 무뚝뚝하고 퉁명스럽지만, 속마음은 여리고 깊다. 마치 겉은 딱딱하지만 속은 폭신하고 쫄깃한 바게트 같다.

식빵을 사람으로 비유하자면 때 묻지 않은 순수한 내 아이들 같다. 그런 식빵은 주로 토스트를 해 먹고 가끔 샌드위치도 만들어 먹는다.

돌계단처럼 정성 들여 하나하나 쌓은 파이를 보면 왠지 어깨가 무거워진다. 아이들이 편하고 안전하게 세상을 향해 한 발 한 발 내딛도록 올바르게 교육하고 키워야 할 숙제다. 우리 부부가 숙제를 잘해서 아이들이 입안에서 살살 녹는 파이처럼 탈 없이 세상살이에 적응했으면 하는 바람이다.

아삭한 쿠키처럼 아이들이 아기자기한 면도 있었으면 한다. 숫자에 연연하며 사는 것보다 키 작은 풀꽃의 소중함을 알고 자연의 아름다움을 느낄 줄 아는 참된 마음을 가졌으면 한다.

우리 집에는 빵의 향기가 풍기면서 행복이 시작되었다고 해도 과언이 아니다. 힘든 좌절과 고통의 늪을 지나고 오랜만에 얻은 자식. 그 아이들을 키우며 사는 맛을 느끼는 요즘이다.

공들여 얻은 자식인 만큼 거는 기대도 크다. 기다란 바게트처럼 건강하게 오래 살았으면 좋겠다. 둥근 소보루나 크림빵처럼 모나지 않고, 케이크처럼 부드럽고 달콤하며 아름다웠으면 싶다.

부족한 것이 많은 내가 내 아이들에게 사랑이라는 열매를 주고 싶다. 좀 더 욕심을 부린다면 기분을 좋게 해 준다는 빵과 커피의 향기를 전해 주고도 싶다.

어느새 찻잔의 온기마저 식은 지 오래지만, 아이들에게 잘해 주고픈 내 마음의 향기는 오롯이 남아있다.

어처구니

오랜만에 맷돌을 보니 옛 추억들이 아슴아슴 되살아난다.

함지박에 맷다리를 놓고 다소곳하게 올려놓은 맷돌이 생경스럽기도 하고 맷돌질하던 젊은 날의 어머니를 보는 듯하여 자꾸만 눈길이 간다.

어릴 적 해 질 녘이면 어머니는 불린 콩을 맷돌로 갈았다. 구멍에 콩을 넣고 맷손을 돌리면 돌 사이로 걸쭉한 콩물이 사방으로 흘러내렸다. 콩, 녹두, 밀 등을 갈아 틈새로 밀어내는 것이 신기해서 우리 육 남매는 빙 둘러앉아 구경했다. 나도 한번 해보겠다고 떼를 써 손잡이를 낑낑대며 돌려봤지만 술술 돌아가던 맷돌은 꿈쩍도 하지 않았다. 그러다 어머니 손이 닿으면 힘들이지 않아도 맷돌은 잘 돌아갔다.

공자는 나이 마흔을 가리켜 불혹지년不惑之年이라고 했다.

세상일에 미혹하지 않아 판단을 흐리는 일이 없게 된다고 했건만, 나는 아직도 세상일에 미숙해 갈팡질팡하며 살아간다. 세월의 연륜을 쌓고 모성애로 가득한 어머니의 삶은 맷돌처럼 둥글게 돌아가고, 내 인생은 잘 돌아가지 않아 서툰지도 모른다.

결과를 예측하지 못하는 수많은 선택의 기로에 섰을 때 맷손에 닿았던 어머니의 손을 생각한다. 그러면 어려웠던 일들이 순조롭게 풀릴 것 같은 생각에 마음이 포근해져 온다.

어둑한 부엌 아궁이에 불 지펴가며 갈아놓은 콩물을 끓이고 촘촘한 천으로 걸러 콩물만 짜내던 어머니는 지금쯤 내 나이였으리라. 불그스레하던 얼굴엔 주름이 늘고 건강이 넘치던 팔뚝에는 검버섯이 피었다. 약봉지를 달고 사는 지금은 스러지는 풀잎 같다는 생각이 든다. 맷돌에 시름 한 자락 넣고 돌리면 납작하게 눌려 사라지고, 콩 한 움큼 넣고 돌리면 대가족 배부르도록 부풀려 나오면서 세월도 같이 돌리신 탓이리라.

두부는 더울 땐 차게, 추울 때는 뜨겁게 해서 먹을 수 있는 사철 음식이다. 입맛 따라 다양하게 먹던 그 맛을 지금의 어느 먹을거리에 비할까. 마루에 앉아 먹다 보면 우물가에 있던 포도나무도 시샘하여 넝쿨을 뻗치는 것 같았고, 따끈따끈한 아랫목에서 먹을 때면 창호지 문의 돌쩌귀도 흔들리곤 했다.

맷돌에 갈린 콩은 두부로 비지로 순두부로 깔 축 없다.

버릴 것 없이 요긴하게 쓰이는 콩처럼 일인 다역을 하는 내 행동이 모두 올바르길 바란다면 지나친 욕심일까.

둥글고 넓적한 돌을 위짝과 아래짝 중쇠에 맞춰 포개놓고, 위짝에 구멍을 파서 나무 손잡이인 맷손을 끼워 맞춘 맷돌. 맷돌을 갈 때 그 손잡이를 어처구니라고 한다. 곡식을 준비해 놓고 맷돌질을 하려고 할 때 맷돌에 '어처구니'가 없으면 얼마나 황당할까? 한낱 보잘것없는 나무 손잡이지만 어처구니가 없으면 맷돌은 아무짝에도 쓸모가 없는 돌에 불과하다.

내가 지향하는 엄마의 역할은 어처구니다. 콩이건 팥이건 무엇이든 갈아주는 맷돌은 아래 윗돌이 맞물려서 제대로 돌아가야 제 몫을 다한다. 그러나 손잡이가 없으면 무슨 소용이랴. 어처구니를 잡고 돌려주어야 콩을 갈고 팥을 타는 맷돌의 역할을 다하는 것이다. 자식들이 이일 저일 부딪혀 보면서 많은 시행착오 끝에 이제 모든 준비는 끝났다고 생각할 즈음, 정말 꼭 한 가지가 부족해서 일을 처리 못 할 때, 그때 도와주는 것이 어머니의 몫이 아닐까.

난 겨자씨만 한 시련에도 어머니께 기대어 살았으면서 내 자식에게 거는 기대가 크니 정말 어처구니없는 일이다.

내일은 오늘을 거쳐야 만나는 시간. 오늘 행동은 내일을 살아가는데 자양분으로 꽃피울지, 열매 맺을지가 결정된다. 인생이란 지나간 시간은 되돌릴 수 없는, 연습 없이 사는 삶이다.

이제부터라도 여유롭게 삶에 대한 포용력을 갖고 살고 싶은데 허둥지둥 살아가고 있다. 그래도 나이 사십이 넘어 스무 살 시절과 그나마 다른 것이 있다면 남을 배려할 줄 아는 아량이다. 도저히 이해할 수 없어 애면글면하던 마음을 누그려 생각해 보면 그럴 수 있겠구나 감싸 안을 수 있으니 불혹이란 나이가 다소 위안이 된다.

곰살궂은 시골 아낙을 보듯 포근함을 주는 맷돌처럼 이제는 고단한 삶의 더께를 한 겹 걷어내고 넉넉한 마음으로 안온하게 살아갔으면 한다.

어처구니를 잡아본다.

큰 나무

- 이태준의 수필 〈수목〉을 읽고

고향 집 돌담 옆에 살구나무가 한 그루 있었다.

꽃이 피면 연분홍 살구꽃 향기가 실려 왔고 꽃이 이울면 가지마다 열매가 조롱조롱 달렸다. 살구가 노랗게 익으면 나무를 오르내리며 따 먹었다. 이때는 살구나무가 더없이 커 보였다. 그런 살구나무를 베어낸 자리에는 감나무가 대신했다. 나무가 떨어뜨린 감꽃을 실에 꿰기도 하고 꼭지 빠진 감을 주워 소꿉놀이할 때만 해도 감나무는 참으로 큰 나무였다. 감나무가 자라듯 내가 어른이 되자 감나무가 큰 나무로 보이진 않았지만, 고향 집에 들어서면 유년의 추억을 고스란히 전해주는 것 같았다.

고향 집 감나무는 언제나 찾아가도 그 자리에 있어 좋았다. 세상이 바뀐다고 세월이 흐른다며 백 년을 한곳에서 살 것 같았던 사람은 모두 떠났지만, 감나무는 절대 그곳을 떠나지도 버리지도 않았다. 뿌리는 깊은 땅속을 헤집고, 가지는 하늘길로 향한다. 무심한 듯하지만, 온 힘을 다해 가지를 뻗고 잎을 피워내며 치열하게 살아낸다.

가끔 집 근처 낙가산을 오른다. 조금만 올라가도 곧게 뻗은 나무들이 양옆으로 늘어서 반긴다. 싱그러운 초록빛의 청량한 숲길은 세상살이에 지친 심신을 다독여준다.

나무에 가만히 손을 대 본다. 거친 표피 속으로 수액이 흐르는 미세한 진동이 느껴진다. 우듬지마다 새 눈 달고 있던 때가 엊그제 같은데 이렇듯 잎이 무성하다.

상허 이태준이 수필 〈수목〉에서 봄이 어서 오길 바라며 급하다고 한 표현이 생각난다.

"아무 나무나 한 가지 휘어잡아보면 그 도틈도틈 맺혀진 눈들, 하룻밤 세우細雨만 내려 주면 하루아침 따스한 햇발만 쪼여 주면 곧 꽃피리라는 소곤거림이 한 봉지씩 들어 있는 것이다."

과연 근대 순수문학의 기수라고 할 만하다. 1930년대의 우울한 사회 현실 속에서 이렇듯 보석 같은 표현을 했을까. 자연이나 일상의 아주 사소한 것들로부터 의미를 성찰하게 하는 유려한 글솜씨가 놀라울 따름이다.

이태준의 수필을 읽다 보면 반세기 이전에 쓰인 글이 지금 읽어도 전혀 어색하지 않다는 데 놀랍다. 물이 흐르듯 군더더기가 없다. 글자 하나 첨삭도 불허할 만큼 완벽한 문장이다.

산에 오를 때면 넓은 등산로보다 좁은 산책로를 즐겨 찾는다. 꽃과 어린나무를 보는 것이 좋았다. 운동보다는 나무와 꽃을 보며 교감하는 즐거움이었다. 새순이 돋아나는 소나무를 쓰다듬거나, 손을 뻗어 오디를 따 먹을 수 있는 뽕나무, 보리수가 좋았고, 누가 보지 않아도 피고 지는 진달래, 생강나무, 조팝나무, 물푸레나무와 솜나물, 봄맞이, 꽃마리, 제비꽃, 미나리아재비 같은 풀꽃이 좋았다.

하지만, 생의 큰 고비를 넘긴 지금은 다르다. 비가 오면 비가 온다고, 바람 불면 바람 분다고 심란해하고 호들갑 떨던 예전의 내가 아니다. 너무 이른 나이에 마음의 크기가 넓어졌다. 나는 예쁜 꽃과 막 돋아나는 나무들과 교감하고 싶은데 세상살이는 나를 사소한 일에 일희일비一喜一悲하지 말라 한다. 오랜 세월을 보듬고 그 자리에서 묵묵히 버텨온 큰 나무처럼 살라고, 큰 나무로 서 있던 남편이 떠났으니 이제 한 집안의 가장이라며 어깨를 무겁게 짓누른다.

그래서 〈수목〉이란 글이 더 가슴에 와 닿았을 수도 있다. 한 그루의 나무라도 큰 나무 밑에서 살고 싶다는 표현이, 낮은 과목 사이에 주춤거림보다는 큰 나무 밑에서 쉬면서 앞날을 생각하고 싶다는 말이 딱 내게 맞는 말인 것 같아서다.

내가 보고 싶고 위안도 받고 싶을 때 나무는 한결같이 그 자리에 있어서 좋다. 지치고 힘들 때 언제든지 가서 마음의 평화를 얻을 수 있으니까. 작은 나무보다는 나를 안심 시켜 줄 수 있는 큰 나무였으면 싶다.

이태준은 "수필처럼 작가를 체온에서부터 영혼까지 드러내는 글이 없고, 그러니까 수필처럼 생활이 아직 익지 못한 풋 인생으로는 살 수 없는 글은 없는 것이다."라고 하였다. 그는 오래 살고 싶다고 쓰고 있는데, 오래 살아야만 좋은 글도 써 볼 수 있을 것 같아서가 그 이유라고 말한다.

이태준이 삼십 대에 쓴 글도 충분히 인생을 달관한 자만이 쓸 수 있는 글인데, 1946년 42세에 월북해 더 이상 그의 작품을 볼 수 없어 안타깝다. 11월 4일은 상허 탄생일이다. 지금 그는 생사조차 감감하다. 사상이야 차치하고 깔끔하고 군더더기 없는 문장으로 시대를 초월해 읽히는 그의 수필처럼 나도 흉내 내고 싶지만 갈 길이 멀다.

큰 나무가 나를 보호하고 위안을 주었다면 나도 누군가에 힘을 주는 큰 나무가 되고 싶다.

무

빗물 한 모금, 서늘한 공기 한 줌으로 몸뚱이를 한껏 키웠다. 세상이 궁금해 몸뚱이 반을 밖으로 내밀고 시퍼런 화관까지 썼다. 해바라기 하던 말쑥한 머리통은 푸른 물이 들었고 꼭꼭 싸맨 밑동은 하얀 바탕색 그대로다.

땅속에서 쑥쑥 키재기 하다가 뽑혀 온 무. 도마 위에 올린 잘생긴 조선무를 썰어본다. 달곰하고 매운 냄새가 난다. 생채는 채칼보다 칼로 썰어야 제맛이 난다. 어머니처럼 똑 고르게 썰고 싶지만, 의지와 다르게 제각각이다. 예전에 무채를 썰던 어머니가 무채를 입에 넣어주면 왜 그리 달곰하던지. 아마도 어머니의 사랑이 담겨 있어 그랬나 보다.

무를 썰다 아들 생각에 피식 웃음이 났다.

놀다 온다며 나간 아들이 한밤중에 친구의 부축으로 들어왔었다. 몸을 가누지 못하는 만취한 아들을 처음으로 보던 날 걱정으로 잠들지 못했다. 아빠 없는 집에서 아들이라는 이유로 어깨가 무거웠을까. 가장은 엄마라고 누누이 얘기했지만 어린 나이에 엄마와 누나를 책임져야 한다고 생각하는 것 같았다.

아들을 뒷바라지하느라 고등학교 3년 내내 시간을 쪼개며 학사 어머니 회장으로 봉사했다. 어미 마음은 그 대가가 아들에게 가길 바랐다. 허나, 씨로 뿌려져 척박한 땅에서 햇빛과 빗물을 받아먹는 조건과, 온습도를 자동 조절하는 하우스에서 기름진 포토로 잘 자란 모종하고는 비교할 수 없었다. 여자 혼자 열심히 뛴다고 되는 게 아니었다. 그럴수록 말수가 더 적어지고 안으로 침잠하는 아들을 지켜보는 어미는 노심초사 했었다.

대학생이 되어 안심하고 있다가 해장국을 끓이면서 걱정하던 그때. 가장의 부재를 나나 아들이나 바꿀 수 없는 거라면 그 힘듦도 견뎌 내리라 믿기로 했었다.

생채를 만들려고 무를 통째로 둥그렇게 썰자 뽀얀 속살 드러내며 살아온 생의 이력을 보여준다. 가운데를 중심으로 가장자리로 뻗어 나간 결이 마치 나이테 같다. 채 썬 무에 고춧가루를 뿌리자 아무 저항 없이 빨갛게 색이 스며든다. 좋다 싫다 감정 내비치지 않고 시키는 대로 묵묵히 받아들이던 내 아들 같다.

순응하던 아들이 어느 날 덜 절인 무처럼 반기를 들었다. 누름돌에 눌린 동치미 무처럼 짊어진 삶의 무게에 버거웠던 나도 날을 세웠다. 둘 사이는 짜서 더 손볼 수 없는 김치처럼 소태같이 썼다.

소금을 뿌리자 꼿꼿이 서 있던 채 썬 무에 간이 스며든다. 칼날 같았던 감정도 세월이 약이었다. 소금으로 인해 각이 진 무가 수그러들 듯 냉랭함 속에서 아들과 나의 감정이 시나브로 풀어졌다. 나 힘들다고, 죽을 것 같다고 서로에게 보내는 신호였지 싶다.

나는 사람도 무 같은 사람이 좋다. 어디서나 필요하고 어떤 사람과도 잘 어울려 분위기를 띄워주기도 한다. 꼭 우리 딸아이 같다. 성격이 급하고 조바심에 미리미리 처리해야 하는 나는 후딱 버무려 내놓는 무생채 같다. 그에 비해 꾹 다문 입으로 속내를 보이지 않고 숙성시키는 김장김치처럼 느긋하게 있다가 제 할 일 하는 아들. 그 사이에서 숙성된 김치였다가 생채였다가 중재자 역할을 딸이 했다. 사람 간에 불편한 사이를 소화시키는 무 같은 사람. 있는 듯 없는 듯하면서도 꼭 필요한 존재가 아닌가.

무는 익히지 않으면 아삭하지만 열을 가하면 부드럽다. 늘 곁에 있지만 대접받는 채소는 아니다. 옆에 두고도 늘 무심했던 존재이나 곁에 있어서 고마운 무다. 자신을 드러내지 않지만, 자신으로 하여 주위를 더 유익하게 하는 무 같은 사람이 세상을 살맛 나게 만든다.

어떤 재료와도 잘 어울리며 시원한 맛을 내주는 무도 그렇다. 뽀얗던 무는 제 몸 물들여 생채로 완성되었다. 소금, 마늘과 잘 버무려져 맛깔나겠다.

태 항아리

세월의 저편으로 묻힌 줄 알았다.

슬픔과 행복의 조각들로 끼워 맞춰진 것이 인생이라면 현재의 행복이 과거의 슬픔쯤은 덮어 버린 줄 알았다.

박물관에 도착해서 유리창 너머 한쪽 구석에 볼품없는 모습으로 놓여있는 태 항아리를 보았을 때부터 시간은 거슬러 올라가고 있었다. 거센 파도가 몸을 휘감은 듯 움직일 수가 없었고 어둠 속에서 포효하던 내 울부짖음이 귓전을 때린다.

한밤중 부른 배를 움켜잡고 병원을 찾았을 때, 인연이 아니었는지 세상의 밝은 빛을 보지도 못하고 뱃속에서 숨져간 아이들이 있었다. 결혼한 지 팔 년 만에 어렵게 얻은 태아였기에 그 슬픔은 이루 말할 수가 없었다. 태어나고 죽는 우리 인생이 얼마나 허무한 것인지, 원을 그리며 수없이 떨어지는 빗방울을 보고 삶이란 저렇게 목표를 향해 뛰다가 흘러가 버리는 것이 아닐까 하는 생각만 하던 그때.

아스라한 기억 저편의 일인 줄 알았었는데, 태 항아리를 보는 순간 마치 어제 일인 듯 생생하게 떠오르는 것을 보면 잠재의식 속에 자리하고 있었나 보다. 만물이 생성과 소멸을 반복하듯 인간도 태어나면 누구나 죽는다는 걸 애써 외면했는지도 모른다.

목표를 완성해서인지 긴장의 끈을 놓아버려 축 처진 내 아랫배에 양수를 몇 번 담았었던가. 배를 가르고 생명의 끈을 잘라낼 때마다 몸과 마음은 지칠 대로 지쳐 잠시 둥지를 틀었다 가는 태아들까지 신경 쓸 겨를은 없었다.

그러나 칠 개월 만에 잘못된 아이들은 달랐다. 아기들은 화장터로 보내는 데 한 명당 십만 원씩이라고 하였다. 나와 인연이 닿지 않은 아이들은 쌍둥이였으니, 간호사는 미안해서 어쩔 줄 모르며 두 명이지만 한 사람 몫만 받겠다고 하였다. 태아는 탯줄을 통해 어머니의 태반과 연결되어 있다. 그만큼 모태와 한 몸이 된다. 칠 개월 동안 나랑 호흡하다가 안아보지도 못하고 눈 한번 마주치지도 못한 채 보내는 것도 미안한데 가는 길의 삯마저 덜 주고 싶지 않아 손사래를 저었었다.

병원에서 애써 눈물을 삼키고 있는 내내 시어머님의 편치 못한 시선은 나를 따라다녔다. 애 하나 간수 못 해서 저세상으로 보낸 것만으로도 하실 말씀이 많으신데, 묘를 만들어 주자는 당신의 청을 받아들이지 않고 화장을 시켜서이다.

가까운 곳에 묻어두고 자주 찾아가 어미의 죄를 참회하며 살고 싶어서 시어머니의 뜻을 따르려고 했었다. 하지만 그것 또한 집착이며, 그런 참회의 눈물이 얼마나 갈지 의문이었었다.

발길이 멈춘 박물관의 태 항아리는 두 개가 놓여있다. 허리춤이 얄쌍한 모양새에 녹청색과 연한 갈색이 흐르는 듯 배색된 분청사기 태 항아리粉青沙器胎壺는 손잡이와 고리까지 달리고 사발 모양의 제대로 된 뚜껑까지 덮여있다.

그에 비해 크기도 작고 가장자리가 돌려가면서 깨진 뚜껑에 때깔도 회청색을 띠고 있는 백자 태 항아리. 소박하지만 은근한 빛이 있는 것도 아니고 꾸밈없이 수더분한 분위기가 있는 것도 아니다. 그런데도 온전한 모양을 갖춘 태호보다 백자 항아리에 눈길이 가는 건 어미 몫을 다하지 못한 죄스러움 때문일까. 혼신을 다해 빚었을 도공의 숨결이 아닌 어딘가에서 떠돌고 있을지도 모르는 어린 영혼을 태 항아리에서라도 붙잡고 싶은 마음에서일까.

세월의 흔적인가. 금이 간 듯 제멋대로 그어져 있는 백자 항아리의 선이 아랫배의 터진 살 같다. 항아리가 태를 보호하는 본분에 충실하다 금이 갔다면 줄 쳐진 내 아랫배는 생명을 잉태하고픈 어미의 열망이 넘쳐서이다. 자식에 대한 열망은 생명의 나무뿌리와 같아서 물줄기를 품어 올려 꽃을 피웠다.

여자는 어머니 배 속에 있는 태아 때 평생 쓸 난자가 만들어져서 태어나는 순간부터 노화된다고 한다. 그렇다면 다시 몸추슬러서 낳은 지금의 남매 쌍둥이는 삼십칠 년 동안이나 노화된 난자로 태어났다.

쌍둥이가 태어날 때 태를 자르고 묶어두었던 배꼽을 소중히 보관했다 가끔씩 꺼내 보곤 한다. 조상들처럼 태 항아리에는 못 두어도 한지로 곱게 싸 보관하고 있다.

우리 조상들은 태를 생명의 근본으로 생각했기에 함부로 버리지 않고 항아리에 담아서 청결한 곳에 묻거나 불에 태웠다. 혹은 흐르는 물에 띄워 보내기도 하였다. 특히 왕가에서는 왕족의 남아가 탄생하면 아기의 태를 자른 다음 백자 같은 멋스러운 항아리에 담아서 매장했다고 한다.

탯줄은 아니더라도 쌍둥이가 태어나서 일주일 만에 떨어진 배꼽을 곱게 보관함은 아이들이 컸을 때 사진 속의 추억과 함께 어미의 체온을 느껴보게 하기 위해서인지도 모른다.

가끔 변비로 고생하는 사내아이의 배꼽 주위를 둥글게 문질러줄 때면 기분이 묘해진다. 탯줄을 통해서 나와 연결되어 있었던 곳이라 그러한가. 내 배꼽은 친정어머니 자궁의 일부며, 어머니는 그 어머니의 흔적……. 핏줄이 당긴다는 말은 보이지 않는 탯줄이 우리 배꼽에 남아 있어 자석처럼 끌리는 것이 아닐까.

배꼽은 생명의 시작이며 중심이다.

탯줄에 연결돼 엄마 뱃속에서 둘이 자랐다는 말에 쌍둥이는 무척 신기해한다. 울룩불룩한 뱃살을 떳떳이 내놓고 사과 꼭지처럼 움푹 들어간 배꼽을 보여주면 다시 뱃속에 들어가겠다고 아이들은 머리를 들이밀곤 한다.

가슴 한쪽이 시려온다. 함께할 인연이 되지 못하고 저세상으로 떠나간 아이들 몫까지 듬뿍 사랑을 주리라 마음먹는다. 그러면 다시 태 항아리를 볼 때 담담한 마음으로 볼 수 있을는지.

깨지고 금이 간 태 항아리가 할 일 다 한 자궁 같다.

3부

그대가 머문 자리
삼신 바위와 솟대
치미鴟尾
담배꽃
어머니의 귀거래사
장독대
냉면 두 그릇
절정, 피어나다
인연
해토머리

그대가 머문 자리

산 자와 죽은 자는 한숨 차이다. 한 호흡 차이로 이생에서 저 생으로 건너가는 것을 절실히 느꼈다.

돌아올 수 없는 이가 먼 길 떠나며 쌓은 애증의 탑은 세월이 흘러도 풍화되지 않는다. 몇 번이나 꽃이 피고 지고를 거듭했지만 지금도 머물고 있는 곳을 찾을 때면 시리고 아픈 기억이 시퍼런 칼날이 되어 사정없이 가슴을 긋는다.

햇볕 바라기를 하는 마른풀들이 나붓이 엎드려 있다. 비워야 제 목숨 부지한다는 것을 터득한 벌거숭이 나목이 애처롭다. 그날은 더 그랬다. 검은색 리무진을 타고 목련공원으로 향하던 날은 눈발마저 흩뿌리고 있었다.

언젠가 그가 말했었다. 청주로 이사 온 지 얼마 되지 않은 비가 내리던 밤이었다. 차량도 뜸한 산길에서 목련공원 표지가 보여 반가운 마음에 차를 돌렸단다. 내리막을 지나자 일반 공원인 줄 알았는데 수많은 무덤과 길 양옆으로 꽂힌 조화가 보여 등골이 오싹했다고 했다. 이 길을 지날 때면 당시를 회상하며 멋쩍게 웃곤 하였는데 자신이 이곳에서 영면할 것을 상상이나 했을까.

마흔 후반 남편의 몸에 불쑥 찾아든 불청객은 아직 할 일 많은 그의 등을 세차게 떠밀었다. 건강을 자만하던 그는 도저히 받아들이기 어려웠다. 잔뜩 긴장한 가족에게 의사의 입을 빌린 신의 가혹한 선고가 내려졌다.

"남은 수명은 6개월입니다."

순간 아무것도 들리지도 보이지도 않았다. 바닥에 털썩 주저앉았지만 일어설 기운도 없고 그 많던 눈물조차 나오지 않았다.

첫 번째 수술할 때, 전광판 불은 다 꺼지고 모두 떠난 수술 대기실에서 생사를 알 수 없는 그를 기다리느라 혼자 공포에 떨고 있던 밤 12시. 수술실에서 중환자실로 옮기는 이동 침대에서 신음이 들렸다. 고통이 극심해서 나오는 옅은 그의 앓는 소리가 참 눈물 나도록 고마웠었다. 살아 나와서 감사했다.

두 번째 개복 수술 후 중환자실에서 집중치료를 받을 때 면회를 하러 갔더니 그가 말했다.

"이곳에 있으니 너무 좋아."

내일의 목숨을 기약할 수 없는 곳, 삶과 죽음이 혼재된 중환자실에서 몸은 아프지만, 정신이 멀쩡한 사람이 있을 곳이 못 되는 곳을 좋다고 하다니…….

그 힘든 수술과 항암치료를 견디었지만 재발해서 또다시 가슴을 열어 수술한 건데 중환자실이 좋다고……. 면회 끝나고 나가는 내게 그는 크게 소리쳤다. 죽음의 정적이 그득한 중환자실에 울려 퍼지는 소리 "모임득 파이팅" 순간 당황했지만 나도 되돌아가서 그의 손을 잡고 외쳤다. "권혁준 파이팅" 서로 파이팅을 외치다가 내가 중환자실 문을 나설 때까지 그는 끝까지 파이팅을 외쳤다.

24시간 환자 곁에서 먹을 것 제대로 못 먹고 밤잠 못 자면서 병시중하다가, 자기가 중환자실에 있을 때면 내가 좀 편히 쉴 수 있겠다는 생각에서 중환자실이 좋다고, 더 있게 해 달라고 했던 그.

살아야겠다는 그의 강한 집념과 젊은 가장을 이렇게 허무하게 보낼 수 없는 가족들의 간절한 기도와 병간호는 그를 6개월 하고도 4년이라는 기간을 더 집에서 보내게 해주었다

쌓은 정이 많을수록 슬픔의 크기는 컸다. 생기지 않는 아이를 얻으려 그토록 전국을 같이 떠돌던 일, 뒤늦게 얻은 쌍둥이를 보고 환한 웃음을 지으며 좋아했었다. 그런 그는 떠났고 우리는 보냈다. 겨우 떠나간 곳이 본인의 의지로는 움직일 수도 없는 아주 작은 네모 공간이다. 이름 석 자와 '00일 졸' 이라는 글자를 가슴에 새기고.

늘어선 조화도 붉은 꽃물이 든 저녁나절, 목련공원 초입에 작고 낮게 세워진 봉분들, 사자를 지키는 것은 산 자가 아니라 울긋불긋한 조화이다. 봉분마다 생의 이력들이 같이 묻혀있다.

매장이 가능한 걸 진즉 알았으면 좋았을 텐데. 장례 날, 공원관리소에서 절차를 마치고 봉안당에 가보니 정해진 자리가 맨 꼭대기에다 첫 번째였다. 가운데에 눈높이 정도면 좋았을 텐데 안타까웠다. 한편으로 생각해보니 유독 갑갑한 걸 싫어하고 겨울에도 맨발로 다닐 만큼 자유롭던 그에게는 오히려 딱 맞는 자리였다. 그가 머물러야 할 자리는 그리 결정되었다.

떠도는 혼령처럼 노을이 낮게 떠 있다. 망자를 보낸 유족들의 눈물일까 색깔이 더 붉다. 망자의 안식처라는 게 느껴지지 않을 만큼 목련공원은 깔끔하고 산뜻하다. 그게 오히려 더 서럽다. 죽은 이는 이 세상에 없는데 산 사람은 아무 일 없다는 듯 삶을 살아내야 한다는 게.

지금도 중환자실에 누워 "모임득 파이팅"을 외치던 그의 모습과 중환자실 문이 닫히던 그 순간이 겹쳐져 어느 영화의 한 장면처럼 정지되어 있다. 어쩌면 본인이 가고 난 뒤에 혼자서 아이들과 세상을 살아가다가 지칠 내게 외치는 응원의 목소리가 아니었을까.

머문 자리는 늘 추억이 있고 그립다. 더구나 가고 없는 이의 머문 자리는 가슴이 시리다. 보고 싶어도 볼 수 없고, 만지고 싶어도 만질 수 없는 이별은 언제나 서럽다. 그이의 마지막 머문 자리는 층층이 놓여 있는 사자의 잠자리, 함께한 추억은 없고 혼자서 외로이 있다.

그의 머문 자리를 보고 나오는 길, 허우룩한 마음을 바람 소리로 남편이 다독인다. "모임득 파이팅!"

삼신 바위와 솟대

산이 장막처럼 둘러쳐져 있는 산막이옛길을 걷는다.

초입부터 산막이 마을까지 4킬로 구간에 멋진 괴산호를 조망할 수 있는 곳곳에는 사진 촬영도 하고 쉴 수 있는 공간을 만들어 놓았다. 이곳은 옛길에 폭만 조금 넓힌 데크 길이다.

괴산호를 따라 걷는 산막이옛길은 충북 괴산군 칠성면 사오랑마을에서 산막이 마을을 연결했던 산모롱이 길이었다. 2011년 괴산군이 산막이옛길 구간에 친환경공법으로 데크 길을 조성하면서 산, 호수, 길이 어우러진 장관이 탄생하였다. 〈충청북도 문화원 연합회 발행 '충북 명소의 숨은 이야기'에서〉 댐 주변 경관을 살려가며 있는 그대로를 존중하다 보니 자연이 숨 쉬는 공간이 많은 숨길이다. 구간마다 아기자기하게 재미있는 이야기들이 있다.

산막이마을에서 연하협구름다리로 가는 길은 돌과 흙이 있는 산길이다. 물 위에 비친 연둣빛 나무를 보면서 휘돌아진 길을 들어서다 세 개의 바위와 눈이 마주쳤다. 각기 모양도 크기도 다른 바위 세 개가 얹혀있다. 사람들은 이 바위를 삼신바위라 부른다. 괴산댐이 건설되기 전에는 경치가 빼어나고 강물이 빠르게 흘러 살여울이라고 부르던 곳으로 해, 달, 별의 삼신이 내려와 목욕을 즐기다 날이 밝아 승천하지 못하고 삼신바위가 되었다고 한다.

옛날부터 이 바위에 아기를 점지해 달라고 치성을 올렸다는데, 왜 나는 이제야 알았을까. 진즉 알았더라면 지난날 이곳을 자주 왔을 텐데. 십 년 만에 자식을 얻은 내 사정을 아는 일행이 "오늘 밤 아기를 점지해 달라고 해봐" 한다.

어떻게 보면 네모 세모 돌덩이를 올려놓은 것 같은데 삼신이라니, 치마폭 넓은 한복을 입은 삼신할매를 닮은 바위라고 해서 삼신 바위라 한단다. 삼신할머니, 전에는 자주 찾았었는데 어느 순간 잊고 있었다. 임신만 했다 하면 자꾸 유산이 되다 보니 친정어머니는 기도하자며 나를 잡아끌었다.

심산유곡 절에 들어가 4박 5일 동안 낮에는 밭에 나가 일을 했고 밤새워 기도를 올렸다. 큰 법당을 가득 채운 이들 속에서 아기를 점지해 달라고 삼신할머니를 간절하게 찾았었는데 내가 아이들의 엄마가 되어보니, 딸을 위해 아픈 몸으로 합숙하며 기도하는 게 결코 쉽지 않았음을 느낀다. 코로나로 인해 요양병원의 면회 금지로 몇 달째 뵙지 못하는 어머니가 그립다.

삼신 바위 옆으로는 솟대가 세워져 있다. 솟대는 기다란 기둥에 새를 올려놓은 모양을 하고 있다. 마을 입구에 수호신의 상징으로 장대 끝에 나무로 깎은 새를 붙여 세웠다. 크기에 따라 모양에 따라 각양각색의 솟대, 몸통을 깎고 꼬리를 만든 다음 기둥을 세우고 고정하는 과정을 거쳐 솟대의 모양새를 갖추었다.

산막이옛길 솟대는 T자나 Y자 없이 나뭇가지에 바로 오리를 올려놓았다. 장대는 나뭇결을 다듬지 않고 원목 그대로 휘어지면 휘어진 대로 여러 개를 세워 다소 어수선해 보일 수도 있다. 하지만 인위적으로 다듬고 깎은 것보다 더 자연스러운 모습인 솟대, 나무 내음이 풍기고 새소리도 들려올 것만 같다.

예전에는 솟대가 잘 보이지 않았다. 관심이 없어서일 수도 있지만, 요즘은 고즈넉한 분위기의 식당이나 관광지에서 심심찮게 볼 수가 있다. 솟대의 기원이 청동기시대로 거슬러 올라가며, 그 분포는 만주, 몽골, 시베리아, 일본에 이르는 광범한 지역에 있다. 이는 솟대가 북아시아 샤머니즘 문화권에서 오랜 역사를 지닌 신앙물임을 알 수 있다.

솟대 모양도 많이 바뀌었다. 나무의 모양새를 그대로 살려 휘어진 나무 끝에 오리를 올려놓고 작게도 만들어 개인이 집이나 방에 소장하기도 한다.

산막이옛길 삼신 바위와 솟대는 잔잔히 흐르는 괴산호의 풍경과 잘 어울린다. 사계절 보는 맛이 있겠지만 연둣빛 나무와 산벚꽃 어우러진 풍경이 물에 비친 모습은 산길 걷는 내내 행복을 준다.

솟대는 인간의 소망과 기도를 하늘과 연결해 준다고 믿었다. 삼신 바위 옆에 놓여 있으니 마을 수호신의 기능에 더하여 주민들의 소망도 담고 있을 터. 솟대 위의 저 새는 오늘 밤 아기를 점지해 달라고 하면 소원을 하늘에 전해 줄 수 있을까. 아니면 삼신 바위가 소원을 이루어줄까.

태어나는 길을 안내해 준다는 삼신할매, 어떻게 살 것인가도 안내해 주시려나. 괴산호를 병풍처럼 두르고 있는 커다란 삼신 바위와 솟대를 보며 지난 세월을 톺아본다.

치미鴟尾

해 질 녘에 도착한 흥덕사는 소박한 빛깔에 다정한 손길로 관리된 흔적이 곳곳에서 묻어난다. 가지런히 정돈된 잔디에 정성 들여 그린 단청, 화려한 예술 선으로 날렵하게 치솟은 치미까지.

멋들어진 선으로 아치형을 이룬 소나무를 머리에 이고 한 계단 한 계단 올라서서 절을 마주했을 때부터 치미에서 시선을 뗄 수가 없다. 하늘과 맞닿은 용마루의 끝자락에서 새의 깃털 모양을 하고 하늘을 우러르고 있는 치미의 위풍당당한 모습에 넋을 잃었다고나 할까.

목조건축의 기와지붕에서 용마루 양쪽 끝에 부착하던 장식 기와를 망새, 망와望瓦로 많이 알고 있었는데 고인쇄박물관에 전시된 것을 보고 치미라고도 한다는 것을 알게 되었다.

기와지붕을 볼 때 하늘에 선이라도 그을 듯 높게 치솟은 용마루와 날렵한 춤사위 자세로 있는 처마의 맵시는 언제 보아도 새롭다. 집의 모양새를 가늠할 수도 있고 보는 각도에 따라서 달리 보이기 때문이리라.

기와지붕의 으뜸은 기와이다. 세월의 흐름 속에서 옛 선조들의 설움을 담아 뜨거운 가마에 구워져 완성되어왔을 기왓장들. 그래서인지 기와를 보면 인고의 세월이 느껴진다.

절터로는 오래된 곳이지만 복원된 절이라서 회색 빛깔에 견고해 보이는 이곳 기와를 보니 낡은 기왓골에 잡초가 자랄 만큼 세월의 흔적이 묻어나는 친정집이 생각난다.

비와 햇빛을 막아주고 절제된 선으로 집의 멋을 살려주는 기와지붕. 살짝 처마 끝을 올려 멋을 부린 와옥에 잡초라도 나 있으면 고색창연古色蒼然하다 하겠지만 내가 살고 보니 그 음함과는 거리가 멀다.

이태 전 고향 집에 둥지를 틀었다. 반쯤 허물어진 돌담 위로 거무스름한 기왓장이 놓여있고 기와지붕이 있는 집. 기와집이라고 해서 잘사는 집이 아니다. 먹기와에 내려앉은 세월의 무게만큼이나 금이 가고 깨져있어서 모양이 제멋대로인 돌담의 돌멩이와 잘 어울릴 뿐이다.

어머니의 세월만큼이나 오래된 친정집에 이사하던 해 며칠을 장대비가 내렸었다. 우리 식구가 머물고 있는 사랑채 천장에 빗물이 스며들더니 이내 물방울이 되어 떨어졌다.

지붕에는 기와가 한 장 어긋나 있었다. 큰집을 덮어주려면 수많은 기와가 얹혀졌을 텐데, 겨우 한 장 때문에 제 할 일을 다 못하다니. 친정집에 살고 있는 내 역할과 비슷하다. 어머니로 딸로 아내로 1인 3역을 숨 가쁘게 치르다 보면 지칠 때가 있다. 그럴 때면 공연히 심통을 부리고 퉁명스러운 말이 나온다. 내 얼굴이 밝으면 식구가 모두 미소 짓고 내 입이 삐죽 나와 있으면 기와집 아래 공기가 가라앉아있다는 것을 알면서도 툴툴거렸다.

기와 한 장 아끼려다 대들보 썩힌다는 속담이 있다. 작은 것에 너무 집착하여 아끼다가는 오히려 큰 것을 잃어버리게 될 수도 있다는 말이다. 기와 한 장을 아끼려고 했던 것은 아니지만 비가 샐 때 바로 고치지 않으면 서까래, 추녀, 대들보가 모두 썩어서 못쓰게 된다는 얘기이리라. 어긋난 작은 기와 한 장이 방안을 빗물로 적시듯이 우리 인생의 삶도 서로 조화가 맞아야 제대로 된 삶이라고 할 수 있을 터이다. 감정조절 못한 나 때문에 겪었을 식구들의 불편함이 느껴진다.

제 몫을 다한 기와 한 장 한 장이 이루어낸 지붕은 하나의 예술품을 보는 듯 멋스럽다. 줄 맞추어진 기왓장은 한복 치마의 단아한 선이 물결치는 듯하고 시선을 돌려보면 다소곳이 앉아있는 여인의 눈썹마냥 곡선의 미가 나타난다.

흥덕사의 기와도 잘 빚어놓은 빗살무늬토기의 선인 듯, 흙 마당에 빗질 자국 선명히 드러난 선인 듯 정갈하다.

기와 한 장 갈아 끼우고 두 계절을 지냈다. 그러나 어설프게 기와를 갈아서 그런지 올여름 비만 왔다 하면 천장에서 빗방울 떨어지는 소리가 들렸다. 자박자박 내리는 비에는 똑똑 떨어지다가 천둥번개를 몰고 오는 엄청난 비에는 뚜두둑 쉴 새 없이 들려오는 소리에 지붕이 무너지는 것은 아닌지 걱정하면서 밤잠을 설쳤다.

바쁜 하루의 고단함을 접고 잠을 청했을 때 내리는 빗소리는 기왓장 갈아야 하는 것을 깜빡 잊었음을 상기 시켜 주었다. 그래도 기와 한 장 갈아서 지난번처럼 빗방울이 떨어지지는 않았지만, 며칠을 비가 내리자 천장에 물이 스며들고 있다.

합판으로 된 천장을 조금 오려 내었다. 굵직한 대들보 위로 서까래가 놓여있고 그 위에 흙과 같이 가로 엮은 산자널은 수숫대이다. 손전등이 비출 때마다 새끼줄에 가지런히 엮어진 수숫대를 보면서 겉으로 보이는 것이 다는 아니라는 것을 느꼈다.

집 모양새는 기왓장이 깨지고 잡초가 돋아났다. 하지만 부모님이 물려받은 재산 없이 피땀 흘려 가정이라는 울타리를 만들었듯이 하나하나 정성 들여 다듬어 올린 집이다.

부서진 기와지붕에 잡초가 뿌리내리면 어떠랴. 빛깔은 퇴색하고 풀이 돋아나도 한 울타리에서 숨 쉬며 살았던 가족들은 언제고 마음 편하게 드나들 수 있다. 그것은 지붕이기보다는 터가 되고 주춧돌이 되어준 부모님이 변함없는 사랑으로 보듬어 안아서 그러하리라.

기와 한 장 갈아 끼움으로써 지붕의 역할을 할 수 있음에 감사한다. 항상 그 자리에서 비바람을 막아주었을 지붕처럼 난 내 자식에게 든든한 버팀목인지, 아니면 누군가의 상처를 덮어줄 수 있는 기와 한 장이라도 되어준 적은 있는지…….

여러 장의 기왓조각이 줄 맞추어선 듯 질서정연한 흥덕사의 기와를 보며 먼 훗날 기억되는 내 모습도 가지런한 삶의 연륜들로 무늬 지어지고 싶다.

연당골 동산과 조화를 이룬 흥덕사를 꼭 한번 보고 싶었다. 〈직지야 어디 있니?〉 인형극을 할 때 600년 전 흥덕사에 살고 있던 스님 역할을 맡았었다. 어딘가에는 꼭 있을 직지를 찾아서 아이들이 여행을 떠난다는 줄거리이다. 글에서는 "직지가 여기 있다." 하고 보여주었는데 이곳 어딘가에 직지 책이 묻혀 있을까? 다른 나라 박물관에 있는 직지를 우리 것이지만 가져오지 못하는 상황에 안타까움을 넘어서 약소국의 비애마저 느낀다.

선조들의 얼이 담겨있을 주춧돌을 쓰다듬어 본다. 흥덕사지에서 출토된 유물 중에 '대중 삼 년'이라는 글자가 새겨진 기와와 기타유물로 미루어 8·9세기에 창간되어 고려 말 폐사했으리라고 추정된단다.

이곳에서 현존하는 세계 최고의 금속활자본인 백운화상초록불조직지심체요절白雲和尙抄錄佛祖直指心體要節을 주자하고 발간했다고 하니 나무 한 그루, 돌멩이 하나까지 예스럽다. 육백여 년의 세월을 지키고 있음인가, 소나무마저 숙연하다. 그래서 우뚝 서 있는 치미가 더 위엄 있게 보였을 수도 있다.

용마루 끝 치미鴟尾에 시선이 머문다. 행운과 불행의 상징으로서 상상의 새인 봉황의 모양을 본떠 만들었단다. 새의 깃 모양으로 층단을 이루고 있는 옆을 돌아 뒤쪽에는 두 개의 둥근 구멍을 두고 사이에 새겨진 도깨비 얼굴이 우람하다. 툭 불거져 나온 두 눈, 눈보다 더 큰 코, 이빨을 드러내고 있는 모습에서 억겁의 세월이, 선조들의 숭고한 정신이 영상처럼 흐른다.

담배꽃

담배꽃이 피었다. 요즘은 잘 볼 수 없는 추억의 꽃이다. 잎사귀는 다 따버린 빈 대 위에서 연분홍 꽃이 만개해 넓은 꽃밭을 보는 듯하다.

꽃숭어리를 끌어다 자세히 보니 야들야들한 꽃잎에 비해 꽃술은 단단했다. 향이 좋은 것도 아니고 가시로 무장한 것도 아닌데 담배 대공처럼 단단하다. 꽃술을 꽃과 분리하자 손이 진득하다.

담배꽃이 필 때면 꽃대를 딴다. 영양분이 꽃으로 가는 걸 막아 담뱃잎이 더 잘 크도록 하기 위해서다. 잎을 위해서 꽃 피우기도 전에 잘린 꽃대들. 그 때문에 담배꽃이 활짝 핀 것을 보기가 쉽지 않다. 농사를 마치고 난 뒤, 버려져 있는 밭에서나 만날 수 있다.

담배 농사에 얽힌 어린 시절 추억은 진득진득한 진액으로 인해 유쾌하질 않다. 이른 봄, 일요일이면 담배 모종을 심어야 했다. 구덩이를 파고 모종을 넣고 흙으로 덮었다. 담뱃잎이 조금 더 크면 순을 쳐야 한다. 넓적한 잎사귀 사이에 난 조그만 순을 치고 꽃대도 따서 거름이 되게 밭고랑에 버린다. 꽃이 피기도 전에 잎을 위해서 희생되는 것이다.

한창 꽃필 시기에 청춘이 희생된 큰아버지가 계시다. 아버지는 공부를 안 가르쳤어도 맏이인 큰아버지는 사범학교에 다니셨다. 그러다가 의용군으로 끌려가셨다. 큰아버지가 들고 다니시던 카키색 가방과 소리 나는 필통은 주인 생사는 몰라도 아버지는 오랫동안 보관하셨다.

담배는 한여름에 수확했다. 잎에 샘 털이 밀생하여 끈적끈적하다. 잎사귀가 무성한 밭고랑에 들어갔다 나온 아버지의 옷은 찐득찐득한 담뱃진 범벅이었다. 이글거리는 태양의 열기에 땀으로 흥건한 데다 새카맣고 찐득하니 얼마나 힘이 드셨을까. 칠월에 심녹색에서 담황색으로 변하고 끝이 밑으로 처질 무렵 따는데 성숙기가 각기 다르므로 여러 번에 걸쳐 채취한다. 담뱃순은 쳤어도 담뱃잎 따는 것은 어린 자식들에게는 시키지 않으셨다.

요즘은 기계로 말리지만 어릴 적에는 수수깡에다 진흙을 발라 지은 건조장에서 말렸다. 무더운 여름날 잎을 따고 건조하는 과정 모두가 사람의 손이 수십 번은 가야 끝나는 것이 담배 농사이다.

한여름 삼복더위에 수확한 무거운 담뱃잎. 여자들은 새끼줄에 하나하나 꼬아 끼웠다. 남자들은 길게 엮은 담뱃발을 한증막보다 더 더운 건조실 천장에서부터 차례로 묶어 내려온다.

그날부터 아버지는 건조실 아궁이에 석탄을 물에 개어 불을 땐다. 사나흘 꼬박 새워가며 불을 조절하여 담뱃잎을 익힌다. 며칠 후 건조한 잎은 노랑과 주황 중간색이 된다.

여름방학이면 담배 조리를 했다. 늦잠을 자고 싶고 놀고도 싶은데 일하라고 자꾸만 부르니 담배 농사가 싫었다. 말려서 뭉쳐놓은 잎사귀를 털어서 떼어내라고 시킨다. 삼복더위에 담배를 흔들다 보면 먼지가 날려 땀이 난 몸에 달라붙는다. 품앗이로 조리를 하는 아주머니들은 떨어뜨려 놓은 담뱃잎을 크기별로 색깔별로 손가락 두 마디만큼 묶는다. 이 묶음을 다시 정사각형 모양으로 모았다가 궤짝에 넣고 밟아 큰 뭉치로 만들었다.

그렇게 고생하며 내 자식은 좀 더 나은 삶을 살기를 바라면서 담배와 고추 농사로 젊은 청춘 다 바친 부모님. 가격이 들쑥날쑥한 농산물, 거기다 판로가 막막한데, 담배는 전매청(현 한국담배인삼공사)에서 수매해 가니 힘은 들지만, 소작농이 목돈을 만질 수 있는 전매작물이다.

채송화 씨보다 더 작은 알갱이, 미미한 짙은 갈색의 담배 씨앗이 잎은 제일 크게 키워냈다. 어찌 보면 내가 이만큼 성장하게 키워 준 부모님 같다.

담뱃잎은 담배의 주원료가 된다. 아버지는 건조실에서 나온 잎을 잘게 썰어서 종이에 말아 피거나 곰방대에 넣어서 피우셨다. 바쁜 농사철에 잠깐 일손 놓고 한 대 피우며 무슨 생각을 하셨을까. 젊은 시절 헤어져 만나는 건 고사하고 생사를 모르는 형님의 안부를 궁금해했을까. 어떻게 하면 육 남매를 반듯하고 남부럽지 않게 키울까 고심하셨을까.

나희덕 시인은 담배꽃을 버려지지 않고는 피어날 수 없는 꽃이라고 했다.

주인이 버리고 간 어느 밭고랑에서/ 마흔이 가까워서야 담배꽃의 아름다움을 알았다. 하지夏至도 지난 여름날// 뙤약볕 아래 드문드문 피어있는/ 버려지지 않고는 피어날 수 없는 꽃을

-나희덕의 〈담배꽃을 본 것은〉 일부-

시인은 마흔이 다 되어서 담배꽃을 보았다고 하는데, 나는 어릴 적에 보았다. 그때는 예쁘다고 생각해 본 적이 없었는데 지금 보니 예쁘다.

잎을 위해서 잘린 꽃대일지라도 잎을 다 떨군 뒤에는 꽃대를 올려 꽃을 피우거나 버려진 밭에서 띄엄띄엄 피어있다. 식

물이 꽃을 피우는 데는 엄청난 에너지를 소모한다고 한다. 꽃을 피워 열매를 맺고 다음 대를 대비한다.

꽃은 맺었으나 제 몫을 다 못하고 밭고랑에서 시들어가는 담배꽃. 인생에 꽃을 피우지 못하고 농사일만 하시다 가신 아버지 같은 꽃이다. 형에게 밀려 교육을 제대로 받지 못해 한평생 농사일로 뼈 빠지게 일한 당신은 결국 잎을 위해 밭고랑에 버려진 담배꽃이 아니었을까. 담배꽃을 보니 끈끈한 진액이 묻은 옷으로 묵묵히 일만 하시던 아버지가 그립다.

어머니의 귀거래사

몇 달 만에 찾아온 고향 집이다. 모진 가뭄에도 불구하고 모과가 많이 달렸다. 주인이야 바뀌든 말든 나무는 여전히 아무 일도 없다는 듯 서 있다. 나무에 눈길을 주는 사람이 분명히 다르고, 나무 아래를 지나치던 발자국도 다를 텐데.

어머니를 휠체어에 태우고 이제는 남의 집이 된 문밖에서 쭈뼛거린다. 마당에 심은 푸성귀와 양철 지붕 위로 삐죽 올라온 감나무, 한곳에 머물러 있는 절구통도 그대로다.

어제와 그제의 햇살이 다르고, 오늘과 어제의 햇살이 다르다. 여태 이 집에서의 시간은 저마다 달랐을 텐데, 다른 사람에게 집을 팔고 처음 바라본 집은 다른 시간과 햇살 속에 머물러 있는 것 같다. 어쩌면 어린 시절의 추억을 고스란히 담고 있는 이 집만큼은 그 시공 속에 머물기를 소망해서일 터이다.

시집오는 날, 문틈으로 아버지를 처음 보았다는 어머니. 자식 여섯을 낳고 키운 집이다. 초가에서 슬레이트, 기와를 거쳐 양철지붕으로 바뀌기까지 60년이 흘렀다.

땅을 일궈 농사지으며 열심히 앞만 보고 살아왔다. 아버지를 여의고 홀로 산 지 20여 년. 어머니가 어렸을 적 살았던 집은 기억 속에서 사라지고 '집에 가고 싶다.'고 노래 부르는 집은 60여 년 동안 남편과 자식들과 부대끼며 살아온 모과나무 집이다.

어머니는 대지랭이 집에서 넘어지셨다. 뼈가 부러진 건 아닌데 못 걸으셔서 입원한 뒤로, 정말 며칠만 병원 신세 지면 갈 줄 알았던 집으로 육 년째 못 가고 있다.

가지 치듯 해가 갈수록 늘어나는 병명에 이제 지칠 듯도 한데, "나 집에 갈래." 어머니의 귀거래사는 날마다 진행형이다.

긴 요양병원 생활로 건강이 더 나빠져 종합병원에 입원했을 때다. 살이 빠져 수척해진 얼굴로 잠들었던 어머니가 인기척에 깨셨다.

"아이고 내가 여기 있는지 어떻게 알고 왔어요?"

난 애써 웃으며 "엄마, 얌전히 계시면 어디 계신지 다 알고 내가 이렇게 오지."

어머니는 기쁜 표정을 지으며 "차 가지고 오셨어요? 나 대지랭이 가야 하는데, 나 좀 태워다 줘요." 오늘은 바빠서 갈 수 없다고 하자 시무룩한 표정을 짓던 어머니는 마침 병실에 들어

온 간호사에게 “차 있어요, 나 좀 태워다 줘요.” 하신다.

정신이 들었을 때는 자식들 걱정할까 봐 아무 말씀을 안 해도 과거 속의 당신 세상에 가 있을 때는 집에 데려다 달라며 보채신다.

삶의 편린들을 잊은 상태인데도 왜 집에 간다고 늘 말씀하실까. 신산한 기억일지라도 고향이란 말을 들으면 마음이 아늑해져서일까. 자신이 태어나고 자란 고향을 그리워하고 돌아가고자 하는 회귀본능이 기억 속에 각인되어 있다가 무의식 속에 나오는 것이 아닐까.

늙는다는 것은 슬프고 서러운 일이다. 어머니에게도 소녀 시절이 있었고, 자식들 먹여 살리려 억척같이 살았을 젊은 날이 분명 있을 텐데, 8인 병실에서 집에 간다고 보채는 모습이 안타깝고 서글프다.

원하든 원치 않던 어머니의 시간은 조금씩 무너져 내리고 그런 모습을 지켜보는 가족 또한 무기력하게 무너지고 있다.

가끔 요양병원을 찾아가면 병원 밥이 나올 때 같이 먹자는 것과, 맛있는 거 사드시라고 서랍에 넣어둔 돈 몇 푼으로 음식을 시켜 자식 입으로 들어가게 해주는 것이 당신이 해줄 수 있는 사랑이다.

다리를 시작으로 위로 서서히 굳어가는 어머니를 바라보는 자식들은 보고 싶은 것만 보려는 것과 외면하고픈 것이 공존한다. 보이는 것과 보이지 않는 것이 만들어내는 시간 속에서 외면하고 싶어 하는 것들이 점점 자기 합리화를 시킨다. 어쩌면 그래야 부모를 요양병원에 맡겨둔 자식들이 마음의 가책 없이 살 수 있는 방편일 수도 있다.

어느 날은 어머니가 '내가 너희 여섯을 키웠는데, 너희는 여섯이 나 하나 간수 못 해 요양병원에 데려다 놓았냐'고 말씀하셨단 소리를 듣고 한동안 잠을 이루지 못한 적이 있다.

무심하게 흘러가는 시간 속에 나 역시 언제인가 늙고 병들어 어머니처럼 요양병원에서 자식에게 부담을 줄 수도 있는데도 나하고는 전혀 상관없는 일처럼 느낀다.

가을을 향해 달려가는 나무의 그림자가 오늘은 조금 더 기울어졌다. 어디선가 삶의 길을 잃는 소리가 들린다.

오늘 외출로 어머니의 귀거래사는 몇 달간은 말씀 안 하시겠지. 무심한 모과나무 아래서 요양병원으로 휠체어를 돌린다.

장독대

장독대에서 바라본 하늘이 참 맑다. 야트막한 산언저리 아래 있는 집이어서 바람도 거칠 것 없이 드나드는 장독대에는 가끔 뒷산의 들꽃과 솔잎의 향기도 와서 머물다 간다.

질박한 고동 색깔의 장독들은 옹기장이의 솜씨로 선만 자유롭게 그려진 채 장독받침 위에 놓여있다. 산속의 옹기 터에서 어떤 옹기 장인의 끊임없는 노력과 정성으로 만들어졌을까. 혼신을 다해 만들어진 장독이 가마에서 불에 달구어져 장독대에 오르면 깨어지기 전까지는 그 집 안주인과 평생을 같이 하였다. 쓰다가 금이 가면 말린 채소나 곡식을 보관하기도 하던 장독이다.

예쁘장한 장독 소래기를 열어본다. 옹기 속에서 장이 익어간다. 숨을 쉬는 장독을 햇살이 보듬어 주고 바람이 어루만져

주면서 해가 바뀔수록 맛도 깊어진다.

고운 빛깔의 고추장을 보니 오래전 일이 생각난다.

흐르는 세월 따라 살아가는 방식도 달라지고 있음인가. 장독대는 아이들의 놀이터였다. 항아리 뚜껑을 이미 두 개나 깨어버린 세 살배기 쌍둥이는 눈 깜짝할 사이에 옥상까지 올라와서 놀기를 좋아했다.

그날도 날씨가 따뜻해서 커다란 자배기에 물을 받아놓고 텃밭 옆에서 놀게 하였다. 풀을 뜯어다 물에 띄우기도 하고 염소뿔 잡고 놀다가 다시 물속으로 첨벙 들어가는 아이들을 두고 집안으로 들어왔었다.

잠시 후 아이들의 발가벗은 몸에는 온통 고추장투성이였다. 물놀이를 하다가 장독대가 있는 옥상까지 간 것이다.

아이들은 맵다고 우는데 난 웃음이 터졌다. 식사할 때 남편이 고추장에 고추를 찍어 먹는 것을 보고 그 행동을 무척이나 하고 싶어 하던 아이들이었다. 밥상머리에서 고추, 숟갈, 젓가락 가리지 않고 손에 잡히는 대로 고추장을 찍어대더니 성에 차지 않았나 보다. 항아리 채 열어놓고 온몸에 더덕더덕 묻혀가며 놀다니. 고추장은 실컷 맛보았을 아이들 때문에 장독대에는 온통 고추장으로 그림이 그려졌던 날이다. 그뿐이랴. 항아리 뚜껑이란 뚜껑은 다 열어놓고 들여다보며 놀았는지 옥상에 널어놓은 호박오가리, 가지, 대추 등을 장독마다 다 박아놓았었다.

뚜껑이 깨져 아무것도 담지 못한 빈 항아리가 눈에 띈다. 뚜껑만 있었으면 음식물을 담고 당당하게 제 몫을 다할 텐데. 열린 항아리엔 켜켜이 먼지만 쌓여있다. 고추장이 담기건 멸치젓갈이 담기건 쓰다 달다 싫은 내색 없이 본분을 다했을 항아리였는데, 비가 오면 빗물을 받아들이고 햇볕이 쨍쨍 내리쬐면 온몸으로 햇빛을 다 받고 있다. 자기 자신을 있는 그대로 인정하고 순응하는 항아리에서 나 자신을 되돌아보기도 한다.

뚜껑이 없으니 쓰임새가 없어 무심히 놓아둔 장독, 크기가 작으니 독이라기보다 항아리나 단지라고 부르는 것이 더 어울릴 듯하다. 장독대 한편에서 엉거주춤 자리 잡은 빈 단지는 뚜껑이 없으니 온몸으로 하늘을 품어 안을 수 있어 아름다운 세상이 다 내 것이라고 기뻐할지도 모르겠다.

빈 항아리에 바람이 휑하니 머물다 간다. 항아리와 밀어를 나눈 듯 묘한 여운을 남기고 가는 바람결에 내 마음속의 공허감도 실려 보내리.

소금이 든 독을 바라본다. 참기름이 많을 때면 친정어머니는 소금항아리에 두었다가 쓰시곤 했다. 참기름의 맛과 향을 소금이 지켜주었는지 장독이 변하지 않게 해 주었는지는 알 수 없지만 나 역시 참기름을 소금에 파묻어 놓고 있다.

장독대로 내려앉은 햇살이 따스하다. 장을 묵히고 삭혀서 깊은 맛을 우려내는 장독이 모여 있는 곳이다. 햇볕이 잘 드는 곳에 장독대를 두어 때로는 뚜껑을 열어 볕을 쬐어 주기도 하고 어떤 때는 꼭꼭 여미어 두기도 한다. 적당한 온도와 바람, 습도에 의해서 장맛이 좌우되기 때문이다. 몇 도에서, 몇 퍼센트의 습도에서 열고 닫으라는 과학적인 수치는 없어도 장을 담그면서 터득한 원리와 지혜를 어머니들에게 배워서 이어져 오고 있다.

소박하고 단순한 모양새에다가 화려하지 않은 때깔의 독들이 옹기종기 모여 있는 장독대. 해충을 막고 잡귀를 쫓기 위해서 친정어머니는 맨드라미나 봉선화를 심었었다.

친정집 마당 가에 질펀하게 앉아있는 크고 작은 장독들은 참 많았었다. 그러나 우리 집의 장독대에는 그 절반도 되지 않는다. 내 딸의 세대에서는 장독대가 어떻게 변해 있을까.

항아리를 닦는다. 깊은 울림이 손끝으로 전해져 온다.

마음을 다잡아 세월을 닦는다.

냉면 두 그릇

살얼음 낀 국물에 면과 무채, 썬 배와 오이, 달걀 반쪽을 고명으로 올린 냉면이 나왔다. 슴슴하고 시원한 국물이 매력이다. 냉면은 메밀로 주로 만든다. 나는 메밀 향 짙은 면의 평양냉면을, 딸은 쫄깃한 감자 전분 면발의 함흥냉면을 좋아한다.

백석 시인은 〈국수〉에서 '이 히수무레하고 부드럽고 수수하고 슴슴한 것은 무엇인가'라고 표현하였다. 백석의 시는 오감을 자극한다. 빼어난 토속어로 우리 정서를 노래했다. 음식을 소재로 한 많은 시를 남겼는데 〈국수〉도 그중 하나다. 여기서 '국수'는 냉면이다. 평안도에서는 냉면을 국수라고 한다.

냉면에 식초와 겨자를 두른다. 시인은 국수를 겨울에 얼음이 언 시원한 동치미에 말아 먹어도 좋고, 얼얼한 고춧가루를 넣어 먹어도 좋고, 싱싱한 산 꿩의 고기를 넣어도 좋다고 한다.

또 식초나 수육을 삶아 넣어도 좋으며 삿방의 절절 끓는 아랫목에서 먹기 좋다고 한다. 겨울밤 국수 한 그릇의 별미이다.

내 앞에 놓인 냉면에는 꿩고기는 아니지만 고기 한 점이 들어있다. 국수에서 '이 그지없이 고담枯淡하고 소박한 것은 무엇인가'라고 했듯이 절대 화려하지 않다. 맛도 요란스럽지가 않다.

난 냉면을 겨울보다는 여름에 먹는 걸 즐긴다. 햇볕이 따가운 것도 있지만 습도가 높아 후덥지근한 날은 살얼음 동동 띄운 냉면이 제격이다. 특히나 좋아하는 사람하고 마주 앉아 땀방울 식혀가며 먹을 때면 더할 나위 없이 행복하다.

선주후면先酒後麵, 술을 먼저 마시고 면을 나중에 먹는 것을 말한다. 요즘은 고기 먹고 후식으로 냉면을 찾는다. 그래서인지 고깃집에서 냉면만 먹는 경우는 별로 없다. 신발 벗고 편하게 앉아 느긋한 마음으로 고기를 먹고 시원하게 평양냉면을 먹던가. 매콤한 게 당길 때는 함흥냉면을 찾는다.

매번 가던 식당이 문을 닫아 아파트 옆 큰 갈빗집으로 딸하고 왔다. 밖에서 보는 것보다 식당은 더 커 보이고 이른 시간인지 손님보다 종업원이 많았다. 냉면 먹기 전, 잘 구워진 고기를 접시에 넣어주는데 서 있는 종업원을 힐긋 바라보던 딸이 말문을 열었다.

투병하던 남편이 운동으로 하루를 보내던 때, 같이 운동하자고 초등학생 아이들에게 날마다 조른 모양이다. 아빠의 부탁이라 같이 갔지만, 운동이 좋을 리는 없을 터, 그다음부터는 안 간다고 했다. 그날도 맛있는 거 사 준다고 해서 양궁장 트레킹을 하고 왔는데 남편은 갈빗집으로 성큼성큼 들어갔다. 아빠를 따라가며 딸과 아들이 갈비 먹을 생각에 군침 돌던 찰나 갈비는커녕 달랑 냉면 두 그릇만 시켰으니 어린 마음에 종업원이 우리 식탁만 바라보는 것 같아 먹는 내내 고개를 들지 못했단다.

아이 아빠가 떠나간 지 6년이 지난 시점에서 무심한 엄마는 알게 되었다. 그런 일이 있었느냐고 웃어넘겼지만 고개를 푹 숙인 채 젓가락으로 면만 먹었을 모습이 그려진다. 본인은 건강상 밖에서 식사를 안 하니 냉면 먹는 아이들을 바라보면서 무슨 생각을 하였을까? 아이들 얼굴을 담고 싶었을 텐데 정작 아이들은 고개 숙인 채 먹었을 테다.

아! 제 아빠하고 왔던 식당에 오니 생각이 났나 보다. 누가 들을세라 "아빠 생각나"라고 속삭였지만, 갈빗집에서 냉면이라도 먹던 추억을 건져 올렸을 딸. 질긴 면발을 이로 끊으며 천륜이란 끊으려야 끊을 수 없는 것임을, 억지로 잊으려 해야 잊을 수 없는 것임을 느꼈을 것 같다.

냉면을 바라보며 딸의 눈에 눈물이 그렁그렁 맺힌다. 아빠와 딸, 아들 셋이서 먹었던 냉면 두 그릇이었는데, 이번에는 엄마와 딸이 냉면 그릇을 앞에 놓고 바라보기만 할 뿐 끝내 입은 열리지 않았다.

절정, 피어나다

가을이 오는 길목. 바람이 꽃을 흔든다.

고은 삼거리에서 상대리 쪽으로 들어서면 길가에 꽃들이 피어 있다. 코스모스는 해마다 피어 나를 반기는데, 내 인생은 언제 꽃피려나, 피기는 하려나 싶다.

작년에도 그랬고 해마다 가을이면 하늘거리는 코스모스를 보러 갔지만, 꽃이 시들어 싱싱한 꽃이 별로 없었다. 매번 시기를 놓쳤기에 올해는 기필코 보리라 달 포전 짬을 냈다. 그런데 너무 빨리 갔는지 꽃이 듬성듬성 피어 있었다.

추석 명절을 지내고 다시 왔다. 지난번과는 다르게 꽃이 한창이다. 황금빛 들녘을 배경 삼아 빨강, 분홍, 흰색 꽃들이 지나가는 바람에 허우적거린다. 여러 각도에서 하늘과 같이 찍어본다. 휴대전화 따라 하늘이 가까워졌다 밀려났다 한다.

초가을 꽃구경은 그런 것 같다. 너무 이르거나 늦거나. 최상의 화기花期를 만나기가 힘들다. 허나 돌이켜보면 그 '적당한 때'는 내가 정한 것이다. 지극히 주관적일 수밖에 없다. 꽃이 지지 않고 항상 피어 있으면 그건 꽃이 아닐 테다. 봄꽃이 피고 지고 여름꽃이 가고 이렇듯 가을꽃이 와야 꽃을 기다리는 마음이 생기리라.

계절별로 피고 지는 꽃들, 시기별로 피는 꽃을 기다리는 맛도 있다. 서늘해서 가을의 온도가 제법 느껴지는 날이거나, 가슴이 먹먹해져서 숨을 고르는 오후거나, 커피믹스 한잔하며 쉼을 하고 싶거나, 창밖으로 먼 산 바라보다 문득, 그럴 때면 꽃을 보러 간다.

처음 꽃을 심으면 그다음은 일부러 씨 뿌리고 가꾸지 않아도 씨가 떨어져 피고 진다. 꽃 피고 열매 맺고 씨앗을 남겨 그 씨가 떨어지는 식물의 한 살이. 송아리로 달린 것도 아니고 다복다복하지도 않다. 그런데도 먼 데서 보면 하나인 듯 바람에 이리저리 흔들린다. 간간이 부는 바람에도 한들한들 춤을 춘다. 자기주장 내세우지 않는 조신한 여인 같다.

꽃은 피는 시기가 다 다르다. 같은 꽃이라도 개화하고 절정에 달하는 시기도 다 다르다. 모두 활짝 핀 듯 보여도 이미 수정을 끝내고 꽃잎을 떨군 개체도 있고, 꽃망울을 터트리는 꽃, 이제 막 몽우리가 올라오는 꽃도 있다. 아직 채 피지 않은 어린 꽃봉오리를 볼 때는 그래도 좀 낫다. 순결한 젊음을 보내고 색 바래진 모습을 한 꽃 무더기는 서럽기까지 하다.

꽃잎 활짝 펼친 당당한 꽃 옆에서 막 나오는 몽우리가 내 모습 같다. 많지 않은 오십 평생 돌이켜보면 모든 일이 느지막이 이루어졌다. 남들 다 활짝 꽃 피울 때 몽우리도 못 내밀다가 다들 할 일 다 하고 앞서가면 그때서야 내 인생은 시작인 듯싶다. 보궐로 들어간 고등학교에서도 취업은 이래저래 밀려났다. 졸업 전에 그나마 괜찮은 직장에 취직은 되었지만, 마음고생이 심했었다. 결혼해서도 남들 다 낳은 아기를 십 년 만에 간신히 낳아 애면글면 살았다. 꽃길만 있을 줄 알았는데 가정에 큰일이 생겨 십 년 가까이 글을 쓸 수가 없었을 때는, 문학상 받는 이들 꽃다발 들고 축하해 주러 다녔다.

만개한 꽃 옆으로 때를 모르거나 혹은 때늦은 무리가 흔들린다. 꽃이 피었다고 모두가 핀 것이 아니다. 꽃이 파리해지며 빛깔을 잃어가기도 하고 벌써 뾰족이 열매를 맺기도 하고, 몽우리 속에서 때깔만 보이는 꽃도 있다. 그런데도 난 굳이 갈색으로 변해가는 꽃을 보며 나 스스로 꽃이 되고 싶었던 날도 시들어간다고 생각했다.

타인의 속도에, 시선에 나를 맞추어 흔들렸다. 나는 나인 것을, 타인과 비교하며 피워보지도 않고 늦는다고 했다. 내가 선 위치는 타인과 다를 수 있다. 내가 모자라거나 온전하지 못해서가 아니다. 내게 주어진 길을 묵묵히 제대로 가고 있는지도 모른다. 좀 남들보다 늦은 것일 뿐.

사람마다 지닌 재능과 쓰임새가 다를 수 있다. 누구에게나 꽃 피는 절정의 때는 따로 있으리라. 훗날의 나는 분명 앞서가는 타인보다 더 많은 걸 얻으리라 확신한다. 타인의 삶에 나를 끼워 맞추려고 안간힘 쓰고 가슴 아파하던 그동안의 나를 도닥여주고 싶다. 안타까운 발돋움 대신, 느리게 가는 나를 껴안아 주리라.

여덟 꽃잎이 마지막 언어를 발산하고 부드러운 바람 불어와 가을은 환상적이면서도 애잔하다. 피고 지는 순환 속에 한 계절의 절정이다.

인연

우리는 살아가면서 수많은 인연을 맺으며 산다. 의도된 만남일 수도 있지만 스쳐 가는 인연도 무수히 많다. 옷깃만 스쳐도 인연이란 말이 있다. 지구상 77억이라는 인구 중에 나와 인연이 닿기까지는 보통 인연이 아니란 말일 게다.

시를 낭송할 기회가 생겼다. 김현태 시인이 쓴 〈인연이라는 것에 대하여〉를 외우는 중이다. 외우면 외울수록 시어가 가슴에 절절히 새겨진다. "인연이란, 잠자리 날개가 바위에 스치고, 그 바위가 눈꽃처럼 하얀 가루가 될 즈음 그때서야 한번 찾아오는 것이 인연이란다." 잠자리 날개가 바위에 스칠 확률도 미미한 데다 바위가 하얀 가루가 되려면 얼 만큼 시간이 흘러야 인연이 되는 것일까.

그런 인연으로 만난 사람들이 부부로, 연인으로, 부모와 자식으로, 친구로 만난다. 나는 인연이란 말이 참 좋다. 찬란하게 빛나는 시간을 서로 존중하고 아끼며 같이 보내고 있으니까. 때로는 눈물 나도록 슬픈 시간도 있을 테고 기쁠 때 같이 웃어줄 인연들인 사람들.

최근 들어서 사람의 인연이란 얽히고설켜 몇 단계만 거치면 서로의 인연이 무수하게 닿는다는 걸 느낀다. 아마존에서 나비가 일으킨 날갯짓이 인연이 닿고 닿아 전혀 상관없을 것 같은 지구 반대편 사람에게 영향을 미친다는 것을 본 적이 있다. 일명 나비효과(Butterfly Effect)는 지구 한쪽의 자연현상이 언뜻 보면 아무 상관이 없어 보이는 먼 곳의 자연과 인간의 삶에 커다란 영향을 미친다고 설명한다.

수많은 인연 중에 반려자와의 인연이란 참 특별하고 소중하다. 지금 나와 함께 밥상 앞에 앉아 밤 껍질을 까는 아이들과의 인연도 남편을 만났기에 생긴 인연이다. 남편이 날마다 편지를 등기로 보내고, 주말이면 인천에서 청주로 내려왔기에 결혼하였다. 계속되는 유산流産에 지푸라기라도 잡는 심정으로 찾아간 곳에서 아기들이 아주 먼 곳에 있어 공을 많이 들여야 한다고 하였다. 좋은 직장 그만두고 몸과 마음을 바쳐 얻은 아이들을 바라본다. 그토록 열정적이던 남편은 가고 남겨진 아이들과 나는 남편 제사상에 올리려고 밤을 까고 있다.

우리는 살아가면서 수많은 선택의 기로에 서게 된다. 그 선택은 당시의 미래 즉 현재의 결과로 나타난다. 과거는 늘 현재를 기준으로 새롭게 해석된다. 프로스트의 〈가지 않는 길〉 시도 있지만 내가 선택하지 않은 길에 대해 아쉬움이 남은 때도 있다. 내가 여상 졸업 후 금융권에 취직하지 않고 대학에 다녔더라면, 어떤 인생으로 살고 있을까? 다른 인연을 만나 다른 삶으로 살고 있을까.

시인은 말한다. 나무와 구름 사이, 바다와 섬 사이, 사람과 사람 사이에는 수천수만 번의 애닯고 쓰라린 잠자리 날갯짓이 숨 쉬고 있다고. 인연이란 서리처럼 겨울 담장을 조용히 넘어오기에 한겨울에도 마음의 문을 활짝 열어 놓아야 한다고.

돌이켜보면 젊었을 적 사소한 아주 작은 나비 날갯짓 같은 일들이 지금의 내게 큰 결과를 안겨주었다. 십 년 가까운 시간을 태풍의 눈 속에서 격정적으로 살아냈다. 그러면서 새로운 인연보다는 지나간 시간에 얽매여 마음고생하고 있다.

운명의 복선인가, 숙명이던가. 아이들도 아빠와의 인연에서 벗어나지 못하고 있다. 딸아이는 아빠에게 '사랑해.' 소리를 못 했다고 늘 아쉬워한다. 사랑한다고 말하는 일은 어쩌면 세상에서 가장 쉬우면서도 어려운 일일 수 있다. 제일 소중한 인연은 항상 옆에 있지만 그 소중함을 모르고 지나친다. 그 인연이 떠났을 때 아 소중하고 고귀한 인연이었구나, 후회한들 그 사람은 이미 이 세상 사람이 아닐 수도 있다.

톨스토이는 단편 〈세 가지 질문〉에서 우리 인생에서 가장 중요한 때는 '지금' 이고, 가장 필요한 사람은 지금 '가까이 있는 사람' 이라고 했다. 그리고 우리 인생에서 가장 중요하게 할 일은 지금 이 순간, 가까이 있는 사람에게 '선한 일을 하는 것' 이라 했다. 그 소중한 인연을 기반으로 톨스토이 말대로 지금 이 순간 가까이 있는 사람에게 선한 일을 하며 살리라. 물론 사랑한다는 말도 많이 하면서.

사는 동안 우리는 얼마나 많은 사람을 만날까? 스쳐 지나가는 인연들까지 보면 무수히 만나는 사람 중에서 만나서 밥 먹고 차 마시는 연이 되려면 얼마나 많은 인연 중에 선택이 된 걸까.

인연이란 나비효과로도, 어떤 확률이나 수치로도 매길 수 없는 기적 같은 일이란 생각이 든다.

해토머리

잠깐 내린 비에 언 땅이 촉촉이 젖어 들었는가 보다. 눈여겨 보지 않으면 피었는지도 모를 작은 들꽃이 양지바른 곳에 피었다. 추운 겨울을 잘 견디고 피어난 작고 앙증맞은 꽃이라 더 대견하다.

긴 겨울을 보내고 전령이 봄을 전해오는 2월과 3월 사이. 산골짜기 잔설이 녹고 얼었던 땅이 포슬 해지는 해토머리다. 이미 마음은 봄물을 담뿍 들었지만, 봄볕이 필요한 만큼 찬 날씨다.

2월은 계절과 계절 사이를 이어주는 달이다. 1월의 겨울 추위도 아니고 3월의 봄 향기가 풍기는 달도 아닌 틈새라, 늦겨울과 초봄이 만나는 그 언저리쯤 있는 달이다.

얼마 남지 2월은 아이들이 곧 개학을 앞두고 있음이다. 긴 겨울방학이 시작되었을 때만 해도 맛있는 음식을 해 주고, 함께 시간도 같이 보내리라 다짐했었다. 2월이 다 갈 때쯤 며칠 남은 날짜를 헤아리며 챙겨주지 못한 미안함에 양식 요리를 배우기로 했다.

요리 실력이 좋으면 후딱 해서 밥상 차리면 되지만 그렇지가 못하니 평소 알고 지내던 요리 강사에게 도움을 요청했다. 오늘은 커리와 난, 투움바파스타, 통새우버거, 비프도리아 네 가지 요리다. 네 명이 배우고 각자 만든 요리를 싸 들고 집에 가서 가족과 레스토랑 부럽지 않게 한 상 차려 먹는 콘셉트이다.

밀가루 반죽을 해 모양을 만들다 보니 다른 거에 비해 유독 작은 난이 눈에 들어왔다. 왠지 안쓰러운 달 2월 같다는 생각이 들었다. 다른 열한 달보다 늘 날짜가 부족한 달. 태어날 때부터 없는 집에서 태어난 거 같고, 어찌 보면 살날을 다 못 채우고 먼저 세상 뜬 사람 같아 아린 달이다.

일수도 적은 데 설 연휴까지 있어 영업사원은 2월 실적을 채울 마음으로 조급하겠지만 부족해도 질끈 눈 감아 줄 것 같은 달. 1월에 거창하게 세운 계획과 목표치를 달성하느라 힘에 부친 심신을 숨 고르며 쉬어가는 달이다.

2월은 '벌써' 라는 말이 잘 어울리는 달이다. 새해 덕담을 주고받은 지가 엊그제 같은데 문득 달력 한 장을 넘기며 '벌써 2월이야' 한마디씩 한다. 가장 짧은 달이지만 조급하지 않고 왠지 마음이 편안한 달. 12월 송년회로 분주하고, 새해맞이 하면서 각종 모임의 총회를 하느라 바쁘게 다니다 한숨 돌리고 가는 달.

2월은 가족의 달이다. 3월이 새 학년 새 학기 시작되는 달이라 아이들 준비물을 미리 준비하고, 방학을 맞이한 아이들과 밥상 앞에서 세 끼 챙겨 먹으며 일상을 공유하는 달이다.

평소 잘 쓰지 않는 나무 도마에 새우버거를 일렬로 놓고, 비프도리아 위에 치즈를 가득 올린 다음 파슬리 가루를 뿌리고, 야자수밀크로 만든 파스타를 흰 접시에 놓았다. 밥하고 먹던 카레를 난과 찍어 먹게 세팅했다. 아이들 눈이 휘둥그레지며 우리 집 식탁이 변신했다고 사진 찍기 바쁘다. 한 상 가득 차려진 밥상머리에서 맛나다고 벙실벙실 웃는 아이들이 활짝 핀 봄꽃 같다.

2월에서 3월로 건너가는 징검다리에서 보랏빛 봄까치꽃이 봄을 알리고, 헐거워진 포슬포슬한 흙을 헤치고 돋아나는 새싹들의 아우성이 들려오는 해토머리다. 잠포록한 날씨, 산수유 목련 몽우리가 더 도톰해졌다.

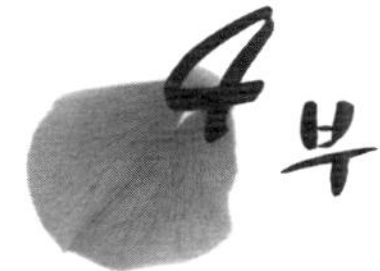

4부

돈에서 묻어나는 것들

은빛으로 빛나는 무궁화가 선연하다.

화폐로서의 가치는 있으나 사용가치는 거의 없는 일 원짜리 동전이다. 나의 무관심으로 서랍 속에 갇혀 있다가 오랜만에 빛을 본다. 작고 가벼운 동전을 접해보지 않은 아이들이 곁에서 신기한 듯 바라본다.

오래전 은행에서 근무할 때의 일들이 생각난다. 업무상 1원이 틀려도 퇴근하지 못하고 원인을 찾아야 했다. 들어오고 나가는 돈이 딱 맞아야 끝나는 하루 업무에서 중요한 수치였던 것이 요즘엔 별 쓰임새 없이 굴러다닌다.

은행에 근무할 땐 돈을 많이 접해보았었다. 몇십억 원을 한 번에 만져보기도 했는데 수표에 동그라미만 많지 내게는 한낱 종이에 불과했다.

여러 사람의 손을 돌고 도는 돈에는 갖가지 사연들이 있다. 특히 돈에서 풍기는 냄새는 그 돈을 거쳐 간 이들의 냄새가 묻혀있게 마련이다.

한번은 환갑이 막 지났을 촌로가 화가 나서 소리친 적이 있었다.

"땅을 파 봐 응? 십 원 한 장 나오나."

"사십 만 원이면 큰돈이여 뙤약볕에 가서 일해 벌려구 해봐. 한 달은 고생해야 되는데, 니미."

사십 만 원을 입금하겠다고 내민 촌로의 돈과 통장은 젖어 있었고 냄새가 역겨워 돈을 간신히 세는데 뭔가가 떨어졌다. 변소에 빠졌던 돈을 건져온 것이었다.

돈의 상태로 보아 통장 속에 돈이 끼워진 채 빠졌을 것이다. 떨어지면서 돈 몇 장 흩어졌을 테고, 수세식이야 문제가 없겠지만 재래식 화장실은 어떠한가. 커다란 나무 몇 개 얹어 놓은 사이사이로 향기롭지 못한 냄새가 풍기고 파리의 조상이 사는 그곳에서 무엇으로 건져 올렸는지는 몰라도 무척 힘이 들었을 테지.

수첩이나 종이 뭉치가 빠졌다면 건졌을까? 똑같은 종이일지라도 현대인들이 노예가 되다시피 한 돈만을 건졌을 것이다. 돈은 사실상 종잇조각에 불과하다. 그림과 인물 등을 그려 넣고 위조를 방지하기 위해 은서隱書를 넣거나 셀로판 은박테이프를 용지 내에 삽입하고 법으로써 화폐로 규정하여 강제성을 띤 종잇조각이다.

우리나라 지폐에는 세종대왕, 율곡 이이, 퇴계 이황, 신사임당이 그려져 있다. 이렇게 위대한 업적을 남기신 분들을 지폐에 그린 것은 온갖 사람들의 손때가 묻은 돈은 만져도 돈에 새겨진 존경하는 인물들에게 떳떳하도록, 정당하게 돈을 벌고 또 그 돈을 제대로 쓸 줄 아는 사람이 되라는 뜻이 아닐까?

요즘 길에 떨어져 있어도 경제성이 적어 줍지 않는 1원, 5원, 10원짜리 주화 테두리는 아무 무늬도 넣지 않은 평면형이다. 오백 원, 백 원, 오십 원 주화는 각각 120개 110개 109개의 톱니바퀴가 들어 있다고 한다.

지폐보다는 동전과 더 친했을 할머님이 계셨다. 산나물도 뜯고 냉이도 캐서 이천 원 오천 원 소액의 돈을 꾸준히 저축한 십만 원을 손자 등록금에 보탠다고 찾아가신 분이다. 그 할머니의 손때가 묻은 돈에는 얼마나 많은 삶의 파편들이 묻어 있을까.

소리치던 촌로의 돈에서는 인분 가루가 묻어 있었고, 낮에는 공장으로 밤에는 학교로 열심히 사는 소녀 가장의 돈에서는 값진 땀과 눈물이 묻어날 것이다. 꼬깃꼬깃 접어 고쟁이 속에 보관했던 할머니의 돈은 고향의 향기가 묻어나는 것 같고, 군것질로 낭비하지 않고 단돈 천 원이라도 은행으로 가지고 오는 어린이의 돈에는 맑고 고운 마음이 묻어 있을 것 같다.

손자 등록금을 위해 산과 들로 다녀 번 돈 십만 원, 뙤약볕에 나가 한 달 일해야 사십 만 원을 버는 보통 사람들에게 '억'이란 단어는 얼마나 생소할까. 요즘은 억도 그냥 억이 아닌 오천억, 구천 억이다. 몇백억의 비자금을 받았느니 몇억이 뇌물인지 성금인지를 묻고 또 묻는다. 돈의 무감각증이 퍼져있다.

많은 돈을 쌓아놓고 일할 때는 돈이 돈으로 보이지 않았다. 내 돈이 아니기 때문이다. 땀 흘려 번 월급만이 소중한 돈이었다. 그러나 남들보다 월급을 많이 받아서 그랬는지 그 당시엔 어려운 이웃을 돌아볼 새도 없이 위만 보고 살았다. 돈으로 침대는 살 수 있지만 잠은 살 수 없고, 장식품은 살 수 있지만 아름다움은 살 수 없고, 책은 살 수 있지만, 두뇌는 살 수 없는데도 돈이면 모든 것이 다 되는 줄 알았었다.

가치 있게 쓰지 못한 돈은 물거품처럼 사라졌다. 인공 수정으로 자식을 얻기 위해 은행을 그만둔 지 수십 년, 지금은 발품 팔아가며 힘들게 돈을 벌고 있다. 서랍 속에 굴러다니는 1원짜리 인생이 아닌 가치 있는 삶을 살기 위해 나는 오늘도 열심히 뛰고 있다.

낮은 곳에 서고 보니 눈과 마음이 열리기 시작했다. 그리고 주위를 돌아볼 여유가 생겼다. 치장은 허술하지만, 마음이 따뜻한 이들이 있다. 내가 둘을 가졌으면 하나를 나누고, 남이 두 개의 등짐을 지고 있으면 한 개를 덜어줄 줄도 안다.

내 손을 거쳐 간 돈에서는 무엇이 나올까? 진정한 삶의 향기였으면 싶다.

가래떡

이른 새벽, 아버지는 지게를 지고 사립문을 나섰다. 전날 불려놓은 멥쌀을 어머니가 조리로 일어 물기를 빼놓으면 십 리 길을 걸어가 가래떡을 만들어 오는 일은 아버지 몫이었다.

읍내에 있는 떡 방앗간으로 가는 길은 멀고 일기마저 험했다. 눈이 쌓여 길은 미끄럽고 매서운 칼바람이 얼굴을 스쳐 따가웠다. 두 말이나 되는 젖은 쌀을 등에 지고 십 리 길을 걸어가신 아버지. 얼마나 무거우셨을까. 그래도 맛나게 먹을 자식 생각에 마음은 가벼웠으리라. 꼭두새벽에 나섰건만 방앗간은 이미 가래떡을 빼러 온 사람들로 빼곡했다.

언젠가 아버지를 따라 방앗간에 간 적이 있었다. 방앗간은 사람 소리, 기계 소리로 이미 설날인 것마냥 시끌벅적했다. 쌀을 곱게 빻아 수증기로 쪄서 기계에 집어넣으면 그 안에서 기다란 떡이 나오는 게 신기하였다. 숭숭 김이 나는 떡가래를 주인아저씨는 가위로 숭덩숭덩 잘랐다. 얼마나 많이 가래떡을 뽑았는지 자로 잰 것이 아닌데도 고르게 길이를 맞추어 잘랐다. 굵다랗게 뽑혀 나오는 떡가래를 조금 잘라 맛보라고 주면 부드러운 떡살이 술술 넘어갔다.

이제나저제나 하염없이 바라보던 사립문. 따끈따끈한 가래떡을 맛볼 생각에 동구 밖에서 얼마나 기다렸던가. 새벽에 나선 아버지는 어둑해서야 집에 돌아오셨다. 아버지가 가져오신 가래떡을 고구마로 만든 조청에 찍어 먹으면 달콤한 맛과 말랑말랑한 가래의 궁합이 환상이었다. 그야말로 꿀맛이었다.

떡은 얼기 설기로 놓아 굳게 한다. 이튿날 적당하게 굳은 떡을 써는 일이 기다리고 있다. 떡이 덜 굳으면 떡살이 칼날에 묻고, 너무 딱딱하면 아무리 날 선 칼도 썰기가 어렵다.

떡 두말을 써는 것은 힘든 일이다. 작두로 아버지가 썰기도 하고 어머니와 언니들이 칼로 썰기도 하였다. 어머니는 동글동글하고 예쁘게 썰었다. 어린 나는 처음에는 재미있다가 조금만 지나면 힘들어 꾀가 나기도 하고 손에 물집이 잡히기도 하였다. 그래도 함지박에는 떡 첨이 소복이 쌓였다.

사람 성품도 꼭 가래떡 같다. 너무 물러도 안 되고 너무 강해도 힘들다. 많이 무르면 처음에 좋을지 몰라도 오래가지 못하고 질린다. 덜 굳으면 떡살이 묻어나고 모양도 나오지 않는다. 너무 굳으면 엉덩이를 들어서 힘껏 힘을 가해도 손만 아프지 잘 썰어지지 않으니, 적당히 굳어야 잘 썰리고 모양도 마음에 든다. 그러나 적당한 것이 어디 쉬운 일이던가.

늘 묵묵히 일하셨던 아버지는 어쩌면 겉과 속이 같은 가래떡 같은 분이셨다. 논밭일도 힘들지만 매서운 바람을 맞으며 가래떡을 뽑아오면서도 힘든 내색 하지 않으시고 맛나게 먹는 육 남매를 바라보며 흐뭇한 미소를 지으셨다.

요즘은 대가족 먹으려고 두 말씩 가래떡 뽑는 집은 없을 것이다. 읍내에 가기위해 지게에 지고 경운기에 쌀을 싣고 떡을 하던 시절은 옛이야기, 요즘은 떡집에서 사다 먹는 시대가 되었다.

정갈한 하얀색 가래떡은 새해 아침 동글동글 떡국 떡으로 담겨있다. 깨끗한 떡국을 먹는 것은 청결해야 한다는 뜻이 있다. 가래떡을 길게 뽑는 의미는 무병장수하라는 뜻이고, 엽전 같이 써는 것은 동그란 모양이 해를 상징하듯 떡국을 먹고 새해에는 좋은 일이 생기기를 기원하는 마음이 담겨있다.

부모님이 밤새 준비하신 새해 아침을 이제는 내가 자식들을 위해 빚어야 할 때이다.

여문 알밤처럼

알싸한 가을이 완연하다.

조급할 것도 없이 내 몸의 시간에 맞추어 밤을 줍는다. 나무 아래 꽃, 풀들과 눈 맞춤 하는 풍경도 좋다. 보랏빛 쑥부쟁이가 나를 알아보고, 구절초꽃이 손짓하고, 질경이가 지천에서 눈을 맞춘다.

산이 온통 밤나무 단지이다. 밤나무 아래에는 색 바랜 밤송이와 이제 막 떨어진 갈색, 연둣빛 송이가 소복하다. 나름 종자를 보호하기 위해 가시로 열매를 보호하고 있다.

가만히 귀대고 있으면 여기저기 밤 떨어지는 소리가 들린다. 밤나무 숲에 바람이 오소소 불어오면 알밤이 터져 뚤렁뚤렁 떨어진다.

덜 여물면 밤송이는 아람이 되지 않고 있다가 다 영글었다 싶으면 스스로 밤송이를 벌려 떨어지게 한다. 토실토실하고 윤기 나는 밤을 주울 때면 힘든지도 모른다. 약간 벌려진 채 떨어진 밤송이를 두발로 벌려 알밤을 꺼낸다. 어렸을 적 한두 송이 벌려 본 이후로 몇 년 만인지 추억에 젖어 미소가 지어진다. 내 입도 밤송이 벌어지듯 모처럼 헤벌쭉하다.

두 개나 세 개가 똑 고르게 꽉 찬 실한 밤은 대견하다는 생각이 들다가도 한 개만 크고 나머지는 껍질만 있는 밤을 보면 참 욕심도 많다는 생각이 든다. 같이 컸어야지. 힘든 세상 같이 견뎌 내야지. 나만 잘났다고 혼자만 몸짓 키우며 좀 외로웠을 것도 같다.

밤나무 아래에서 밤 줍는 동무는 딸과 같은 학교로 인연이 되었다. 아이들 일상이 똑같은 엄마들과 나누는 대화는 공감대가 더 형성된다.

병충해 방지도 해야 하고, 물도 주고 풀도 베 주면서 정성 들여 가꾸었을 밤 농장. 올해는 관리를 못 했다고 주워 가라는 지인도 같은 학교 엄마이다. 팔부능선이 온통 밤나무 숲이다. 가을 색 완연한 하늘 아래 이렇듯 잘 관리된 농장이 있다니, 주인장은 육천 평이라고 한다.

밤나무들이 한꺼번에 꽃을 피웠을 유월에는 밤꽃 향이 진동했겠다. 온산이 들썩거렸겠다. 비릿한 향기에 원추리꽃도 덩

달아 춤을 추었겠다.

밤꽃 향기를 좋아했었는데, 어느 순간부터 좋아한다는 말을 못 하고 있다. 아주 오래전 이야기이다. 밤꽃이 흐드러지게 피어 "와, 향기 좋다." 했더니 일행 중 한 명이 "이 냄새 좋으세요? 밤꽃 향기?" 크게 "네"라고 대답하는 내게 알 듯 말 듯 한 미소를 짓던 사람들. 결혼하고 보니 아차 싶었다. 분명 그들은 나를 외설 속 여자로 상상했을까?

그 후 오묘한 향기를 맡으면 코만 벌름거릴 뿐, 좋다 소리를 안 한다. 친한 지인에게 향기 좋다고 말하면 대부분 강한 어조로 냄새 안 좋아한다고 잘라 말한다. 몇 번 그러고 나서는 아예 입 밖에 내지를 않는데, 딸도 나처럼 될까 봐 딸한테는 웃으면서 이야기해 주었다.

꽃이나 모든 식물은 번식을 위해 꽃을 피우고 씨를 만들어 퍼트린다. 생애마다 꽃 피우는 시기가 있다. 사람도 그러하다. 내가 생각한 데로 계획한 데로 살아지지 않는다. 불생불멸 불구부정 부증불감不生不滅 不垢不淨 不增不減 이란 반야심경의 말이 생각난다. 상대는 내가 바꿀 수 없다. 그러나 내 생각을 바꿀 수는 있다.

나는 상대를 바꾸려고 마음고생을 많이 했다. 이순이 가까워서야 내가 바뀌어야 한다는 것을 어렴풋이 알았다. 이제 막 군인의 삶을 살려고 하는 딸은 나 같은 시행착오를 겪지 않았으면 좋겠다. 여문 알밤처럼 마음도 단단하고 아금바리 했으면 좋겠다. 밤송이 안에서 혼자만 큰 밤톨보다는 같이 똑 고르게 자란 밤 세 톨처럼 동료들과 같이 인생의 기쁨을 나누며 살아갔으면 싶다.

들국화

들국화는 청초하다. 산의 초입이나 들녘 비탈길에 들국이 없으면 얼마나 황량할까. 산야에 피어 있는 들국화로 가을이 더 낭만적인지도 모른다.

해맑은 하늘을 그대로 닮은 듯한 모습으로 피어 있는 들국화. 치마저고리를 입은 산골 처녀의 모습처럼 소탈하면서도 청순해 보이는 모습을 바라볼 때면 마음까지 편안해지곤 한다.

가을이 되면 똑바로 서 있지도 못하고 밑동이 어디론가 쏠려서 피어 있는 꽃에 유난히 관심이 많다. 잔디 위에서 뛰어놀던 기억의 언저리에는 산소가 무엇인지도 모르고 동그란 봉분 위에서 누가 먼저 뛰어내리나 내기를 하던 뒷동산 자락에 지금 생각해 보면 들국화가 무성하게 피어 있었던 것 같다.

진달래나 코스모스는 꺾어다 꽃병에 꽂아 놓았지만 들국은 기억나지 않는 것을 보면 아름답다고 느끼지 않았던 듯싶은데, 요즘 들어 관심이 가고 눈길이 가는 것은 나도 이제 나이가 들었다는 증거일까.

맑고 어여쁜 들국화가 피고 지는 모습을 보면 우리의 인생과 흡사하다는 느낌을 받는다. 이슬을 머금고 동글동글 매달려 있는 봉오리들은 이제 막 세수를 끝낸 어린아이의 얼굴처럼 상큼하다. 새벽에 일어나 이슬이 맺힌 꽃을 보면 그 상큼함에 정신이 맑아지며 향기로워지기까지 한다.

가꾸고 돌보아 주는 이가 없어도 밭둑이나 야산 언저리에서 피고 지는 모습은 사십이 넘은 여인의 꽃 같은 느낌이 든다. 정열적이고 화려한 시절은 갓 지나고 이제 완숙한 모습으로 제 삶을 사는 사오십 대. 화려하게 치장하지 않아도 삶에서 우러나는 아름다움이 절로 배어나는 어머니 세대 여인의 모습이다.

야트막한 산언저리나 바위틈, 들녘 어느 곳을 둘러보아도 흐드러지게 피어 있는 들꽃 속에 국화는 항상 모습을 드러낸다. 쑥부쟁이, 산국, 감국, 구절초, 미역취, 참취꽃 등 산야 어디에 무성하니 가을은 국화의 계절이라고 해도 무리는 없을 듯하다. 가을이 오감을 자극하며 더욱 살아 있음을 느끼는 것은 지천으로 피어 있는 들국화 때문이리라.

노드롭 프라이가 자연의 사계 신화중 가을의 미토스를 비극으로 표현했듯이 들국화는 가을의 끝과 겨울의 초입 사이에 주로 핀다. 꽃이 피고 녹음이 깃들며 아름답게 치장한 계절이 수많은 꽃이 피고 진 뒤, 겨울을 앞두고 마지막으로 꽃을 피우는 들국화는 다른 꽃들과는 달리 곧 이별해야 하는 여인 같은 느낌이 든다. 어쩌면 느지막이 산야에 쓸쓸히 피어 서리가 나리기를 기다리고 있는 것 같기도 하니 사람으로 치면 인생의 갈무리를 한다고나 할까.

꽃 피고 난 뒤 열매를 맺어 바람을 기다리는 다른 꽃들과는 달리 미처 꽃봉오리를 열지도 못한 채 서리를 맞는 것을 보면 미래의 내 모습인 양 가슴이 떨려온다. 함부로 대할 수 없는 고고함까지 갖추고 은은한 향취를 내며 피지는 못할지라도, 산속 후미진 곳 어느 곳이든 누가 보아주지 않아도 저 혼자 피었다 지는 것까지도 못한 채 꽃봉오리로 겨울을 맞는다면, 그리하여 국화꽃 저 버린 겨울 뜨락에 봉오리째 마른 국화가 내 노후의 모습이라면…….

가을이 다 가는 것도 모르고 국화꽃 향기에 취해 있다가 서리가 내리고 날씨가 쌀쌀해지면 선뜻 정신을 차리게 된다. 서리 맞은 꽃봉오리가 되지 않으려면 꽃이 피고 나서야 가을을 느끼기보다 여름부터 미리 가을을 준비하고 겨울을 생각할 테다.

겨울의 내 뜨락에 들국화가 활짝 피어 있어서 보는 이에게 미소가 지어지게 하고 마음까지 편안하게 해 준다면 무엇을 더 바랄까. 들국화 만개한 삶이 욕심이라면 그 비슷한 향취라도 풍겼으면 하는 마음이다.

옥수수

첫 옥수수를 딴다는 메시지를 받자마자 세 자루를 사서 쪘다. 옥수수는 밭에서 적당히 익었을 때 따서 바로 쪄야 말랑거리는 알갱이가 터지며 씹히는 혀끝의 감촉이 좋다.

물을 많이 넣고 끓기 시작해서 40분 뒤에 불을 끄면 맛있게 삶아진다고 한다. 세 자루를 들통 하나로 찌고 또 찌려면 적어도 세 시간이 필요하다. 온 집안에 옥수수 냄새가 가득하다. 꽃향기처럼 향긋하지는 않지만, 옥수수 익는 냄새는 마음을 평온하게 한다. 어릴 적 어머니의 따뜻한 정을 받을 때처럼 포근해지고, 옥수수 대공을 꺾어 껍질 벗겨내고 씹으면 달곰한 물이 목으로 넘어가던 시절로 돌아가기도 한다.

담배 농사를 짓던 시절, 담배를 따서 줄에 꿰고 건조실에 매달아 말릴 때, 그 뜨겁던 여름날에도 아버지는 석탄을 개어 불을 지폈었다. 불이 한차례 건조실을 덥히면 그 잔열에 옥수수와 감자를 구워 먹기도 했었다. 구운 옥수수는 찔 때보다 고소한 맛이 더했다.

옥수수 중에서 실한 것은 껍질을 엮어 사랑채 처마 밑에 걸어두었다. 씨앗용이다. 이듬해 한 알씩 떼어내 다시 밭 가장자리에 심고, 수확한 옥수수는 다시 실한 것을 골라 처마 밑에 종자로 걸어 두어 다시 씨앗이 되었다. 부모님은 평생 농사를 지셨으니 씨앗 갈무리를 오래 하셨을 테다.

옥수수 익는 구수한 냄새를 맡다 보니 얼마 전 괴산으로 야유회 갈 때가 생각난다. 차가 괴산 초입으로 접어들면서 밭에는 옥수수가 즐비했다. 집에서 먹으려고 밭 가에 심던 조연이 아니라, 비닐까지 씌운 둔덕에 줄 맞춰 심어진 옥수수밭이다. 밭마다 그득한 초록빛 풍경들이 야유회 가는 기분을 더 달뜨게 했다.

길가에서 쪄서 파는 대학 찰옥수수를 몇 개 사 들고 맛있게 먹는데 농사가 전공이신 분이 옥수수는 99%가 바람으로 인해 열린 거라고 한다. 벌과 나비 등의 곤충을 매개로 하는 꽃들과는 달리 바람과 중력의 힘으로 수정이 된단다. 옥수수 줄기의 맨 위쪽에 피는 수꽃은 벼처럼 달려 있는데 끝부분에 노란색 수술이 있다. 엄청 많은 양의 꽃가루가 있어서 바람이 불어올 때 터지며 이 밭 저 밭 사방으로 날리어 수정한단다.

겉껍질을 쭉 벗기면 소박하게 드러난 수염, 이건 왜 귀찮게 있어서 수염 따느라 힘들다고 했는데 그 수염이 암술이었다. 줄기 끝의 수꽃에서 쏟아진 꽃가루들이 깔때기 모양을 한 옥수수 잎으로 모여, 그 잎 바로 밑 부분 암술에 수정이 용이하게 한다. 결국 수염 하나하나가 옥수수 알갱이가 되는 것이다. 수염이 많이 나올수록 알차게 알곡을 맺을 준비가 되었다는 거고, 모든 수염이 꽃가루가 하나도 빠짐없이 묻어줘야 알곡이 꽉 찬 옥수수가 된다.

삶은 옥수수 90개를 봉지에 나누어 담고 어머니가 계시는 요양병원으로 가는 것이 연례행사가 되었다. 어머니는 입으로 옥수수 드시는 걸 힘들어하신다. 기력이 쇠하신 것도 있고 살이 빠지면서 맞지 않는 틀니 때문이기도 하리라. 엄지손가락으로 알을 똑똑 떼어 모아서 엄마한테 건넨다.

똑 고른 옥수수처럼 튼튼했던 치아나, 초록 잎사귀의 결이 거친 잎맥처럼 팔팔하던 시절은 옛날얘기이던가.

아버지가 일찍 돌아가셨을 때, 엄마는 어머니이지 여자란 생각을 안 했다. 내가 그때의 어머니 나이가 되고 나 역시 같은 처지에 있고 보니, 재혼을 시켜드릴 걸 후회가 된다. 치매가 있으신데 가끔 정신이 좀 돌아올 때면 나보고 결혼하라고 성화다.

"시원찮은 남편이라도 남편 밥은 누워서 받고, 자식 밥은 서서 받는 것이야."

"그렇게 일찍 갈지 모르고 내가 등 떠밀어 널 결혼시켰으니 내가 네 인생을 망쳐 놓았구나.”

하시며 나를 볼 때마다 우신다. 총총하고 고른 옥수수를 떼는데 뿌옇게 보인다. 똑 고르게 짝 맞추어 열린 알갱이처럼 부부도 오래도록 같이 살아간다면 얼마나 좋은 일인가. 생애 전체 아름답게 가야 할 길을 왜 슬픔에 젖게 하는지.

옥수수는 암 수꽃이 한 대에서 핀다. 수꽃은 줄기 꼭대기에 암꽃은 줄기 옆에서 핀다. 이렇게 떨어져 있는 두 꽃의 수술이 만나야 수정이 되는데, 그 역할을 하는 것이 바로 옥수수수염이고 바람이다.

한 대궁에 수꽃 암꽃이 다 있지만 바람이 불면서 다른 대궁 암꽃으로 간다. 자가수분을 막으려는 시간차방법을 쓰기 때문이다. 자기 대궁 위에 있는 수꽃이 활짝 피어 꽃가루를 날리는 시간보다 약 이틀쯤 후에 암꽃이 성숙하게 하여, 한 대에서 꽃가루를 받아 결실하는 일을 피하기 위한 전략이다.

요양병원에서 집으로 돌아오는 길, 운전하는 내 옆에서 엄마를 어머니로만 보던 딸이 날 물끄러미 바라보고 있다.

항아리

파란 하늘에는 새털구름이 유유히 떠다니고 초여름의 눈 부신 햇살은 시댁의 툇마루에 찾아든다. 집안일을 부산하게 끝내고 마당 가에 내려서니 하오의 햇살을 받고 있는 감나무에서 파란 감이 뚝 뚝 떨어지고 있다.

감나무 옆에는 장독받침으로 놓여진 돌 틈으로 봉선화와 채송화가 피어 있고, 댓잎 서걱이는 소리와도 같이 쏴아-한 바람을 맞고 있는 장독대에는 크고 작은 항아리들이 옹기종기 모여 있다.

이 장독대에 놓여 있는 항아리 뚜껑을 열어 보는 것이 시댁에 들르는 즐거움 중의 하나이다. 된장 간장이 담겨 있는 큰 항아리, 밑반찬을 담고 있는 작은 항아리, 특히 겨울로 접어드는 길목엔 시어머님의 손맛이 항아리마다 담겨 있다. 깻잎이 재여 있기도 하고 단무지, 동치미, 고들빼기김치, 새로 담근 맛깔스런 고추장이 담겨 있기도 하다. 바닥으로 떡시루, 술병, 뚝배기 등이 놓여 있다.

뚜껑이 열려 있는 항아리를 보니 항상 열려 있는 내 입을 생각해 보았다. 쏟아진 물과 같이 주워 담을 수 없는 말을 필요 이상으로 하고, 아무 생각 없이 말을 내뱉고 집에 와서 조용히 생각해 보면 허전하다. 너무 나 자신을 드러내 놓고 있는 느낌이어서일까.

법정 法頂 스님은 아무리 소중하고 귀한 것일지라도 입 벌려 쏟아 버리고 나면 빈 들녘처럼 허해질 뿐이라고 하였다. 그리고 어떤 생각을 가슴속 깊은 곳에 은밀히 간직해 두면 그것이 씨앗이 되어 싹이 트고 잎이 펼쳐지다가 마침내는 꽃이 피고 열매를 맺게 될 것이라고 하였으니 이제부터라도 내면의 생각을 말로 표현하기보다는 씨앗으로 잉태하기 위해 가슴에 간직해 둬야겠다.

장독대 맨 뒤쪽으로는 시할머님이 쓰시던 물두멍이 자배기로 덮여 놓여 있다. 한복을 입은 여인의 자태같이 다소곳하게 놓여 있는 물두멍을 보니 비녀 꽂고 쪽 찐 머리로 단장하신 시할머님이 분주히 부엌을 드나드셨을 모습이 상상된다.

항아리 중 유독 큰 물두멍은 부엌 한쪽에 놓여 있었을 것이다. 저 큰 항아리에 물을 채우시려면 이른 새벽부터 우물가로 향하셨을 테지. 우물가에서 두레박으로 갓 길어 낸 시원한 물을 질그릇 물동이에 담아 와서 항아리에 가득 채웠으리라.

부엌 시렁에는 유난히 귀여워하는 손자를 주려고 둔 꿀 항아리가 놓여 있고 부뚜막에 놓인 찬장에는 갖가지 양념이 작은 항아리에 담겨 음식에 맛을 냈을 것이다. 내가 결혼하던 때만 해도 시댁은 시할머님이 분주히 드나드시던 부엌 그대로였다. 키가 큰 나는 머리를 숙이고 들어가서 아궁이에 불을 지펴 물을 데워 쓰고 난방도 하였다.

날씨가 몹시 추웠던 날로 기억된다. 부엌에서 손을 호호 불며 음식을 장만하여 밥상을 들여간 뒤 시어른들이 앉아 계신 상에 국그릇을 놓는데, 그릇이 손에서 저절로 떨어져 요란한 소리를 내었다. 부엌에서 손이 꽁꽁 언 것이다. 식구들 식사가 거의 끝날 때까지 언 손을 녹이는 나를 안쓰럽게 지켜보시던 시아버님은 이듬해 부엌을 입식으로 고치셨다.

시할머님이 쓰시던 그 흙 부뚜막이 입식으로 바뀌었지만, 양념 항아리만은 변함이 없다. 화초 호박만 한 크기에 대나무가 그려져 있는 항아리에는 간장과 깨소금이 담겨 있고, 밑에는 둥글고 주둥이로 갈수록 길게 뻗어 작은 술병처럼 되어 있는 백자 항아리에는 참기름이 담겨 있다. 시댁에 들를 때마다 양념 항아리에 정감이 가는 건 플라스틱이나 유리병에 든 양념보다 좋아 보이는 것도 있고 시어른들의 손맛이 배어 있는 항아리라서 그럴 것이다.

시댁의 항아리를 바라보고 있으면 시할머님의 숨결이 느껴지는 것 같아 마음이 아늑하고 포근해진다. 그리고 평온한 마음은 내게 살아온 삶의 여정을 다시 한번 되돌아보게 한다. 부질없는 일에 매달리며 사는 건 아닌지, 하루하루를 나태하게 산 건 아닌지, 타인에게 마음의 상처를 준 적은 없는지 곰곰이 생각해 보고 올바른 길로 가려고 노력하게 된다.

예전에 항아리는 우리의 생활 곳곳에서 활용되었다.

술지게미로 허기를 달래던 시절에는 솜이불로 푹 싸여 아랫목에 모셔져 좋은 술을 만드는 역할을 했고, 알뜰한 아낙이 끼니마다 한 움큼씩 쌀을 아껴 모아 둔 곳도 항아리다.

빨간 감에 하얗게 서리가 내리면 시어머니는 항아리에 땡감과 짚을 차곡차곡 넣어 두었다가 추운 겨울, 시댁에 들를 때면 손이 시리도록 차갑고 서걱서걱한 홍시를 항아리에서 꺼내 주셨다.

항아리에는 눈에 보이지 않는 아주 작은 구멍이 많이 뚫려 있어 물은 지나지 못하지만, 공기는 통과하여, 살아 숨 쉬고 있다는 발표가 요즈음 나오고 있다. 시할머니 세대에 항아리가 숨을 쉰다는 과학적인 입증은 없었어도 살면서 터득하신 삶의 지혜는 시어머니께 이어져 감을 항아리에 보관해서 내게 주고, 나 또한 항아리에서 홍시를 만들어 내 자식에게 건네주리라.

제사

영정 속의 그와 마주쳤다.

저 눈으로 나를 바라보았고 나에게 속삭였고, 한결같은 마음으로 늘 사랑한다고 얘기했었다.

그가 없는데도 시간은 가고 계절이 지나고 해가 바뀐다. 하늘 아래 남기고 간 아이들은 커가고, 외롭고 슬픈 나는 내 의지와 상관없이 나이 들어가고 있다.

중학생이던 아이들이 어느덧 자라 대학생이 되어 절을 올린다. 내 양옆으로 서서 늘 셋이 지내는 제사는 쓸쓸하다. 삼우제 때 외삼촌이 수첩에 적어 주고 간 제사 순서를 뒤적이다 밥뚜껑을 열고 수저를 꽂는다.

그가 간 뒤로 제사나 명절은 늘 슬픔이 깔려있어 무거운 분위기다. 배추, 부추, 다시마전 위로 돼지와 소고기 산적이 놓이고 삶은 계란을 반으로 잘라 일렬로 놓은 제기 위로 젓가락이 놓였다. 지척인 제사상에 와서 과연 음복하고 있을까? 많이 컸다고 대견하다고, 미소 지으며 바라보고 있을까? 그의 생각을 읽고 싶다.

제 생 다 못 채우고 서둘러 가는 사람들은 얼마나 황망할 것인가. 미처 하지 못한, 할 일 다 못 채우고 얼마나 망설이다 떠나겠는가. 봄꽃이 몇 차례나 피고 열매 맺고 땅에 묻혔다 다시 피어나도 영영 돌아오지 않는 사람. 내게 그리움만 남겨두고 마지막 병치레로 거친 숨소리만 가득 남겨놓고 먼 길 떠나간 사람.

남겨진 이는 어떠한가. 늘 가슴에 돌덩이라도 달고 사는 듯 묵직하고 우울하다. 항암제 줄 늘어뜨리고 누워있던 곳, 뼈만 앙상한 모습으로 천장만 응시하던 온기 없는 방에서 나는 오도카니 침묵에 들어 있는 날이 많다.

서글픈 기억은 시공간을 뛰어넘어 불쑥 찾아온다. 망각의 바다를 건너온 기억의 편린들이 무의식 속에서 늘 존재하다가 불현듯 찾아와 마음을 헤집어 놓는다. 생전에 금슬이 무척 좋았던 것도 아니어서 더 당황스러울 때가 있었다. 정이 넘쳐 그런 것도 아니었으리라.

아무래도 애도의 시간을 갖지 못한 탓일 것이다. 그 애도의 시간이 없어서 두고두고 힘이 들고 병이 난다. 요즘 젊은 지아비를 보내는 장례식장에 가면 마음껏 울라고 한다. 울고 싶을 땐 실컷 울고, 슬플 땐 마음껏 슬퍼해야 떠나보낼 수 있다는 것을 절실히 느껴서다. 그를 보내던 때는 아이들이 어려서 나 혼자 처리해야 했기에 울음을 삭여야 했다. 집에 와서도 아이들 때문에, 이웃의 시선 때문에 맘껏 울지 못하니 눈에는 늘 눈물이 그렁그렁했다.

겨울 무렵이면 온몸이 아프다. 아프려고 한 것도 아니고 생각한 것도 아닌데 '왜 아프지?' 생각해보면 제사가 다가오고 있다. 해마다 한두 달 전부터 몸이 먼저 반응하고 마음이 아팠다. 이제는 좀 잊으리라, 늘 우울하던 아이들 얼굴에 웃음이 조금씩 번지는 것을 다행이라 여기며 마음을 추스르려는 의지와 달리 겨우내 아프다.

숟가락과 젓가락을 걷는 아이들. 제사가 끝나가고 있음이다. 내년 제사 때는 나 혼자 지내야 한다. 장교가 되려고 직업군인을 선택한 딸도 멀리 내려갔고 아들도 군대에 간다. 자기들 장래보다 혼자 남아 있을 엄마가 걱정인 아이들. 제사는 인제 그만 지내고 산소에 다녀오는 것으로 대신하자고 한다. 이제는 명절만 지내자고. 그런 탓에 마음이 불편해서인지 이번 겨울은 독감을 시작으로 병원 순례 중이다.

아이들을 봐서라도 이제는 홀로 서리라 마음먹어본다. 돌아보니 과거에 얽매여 살았고, 다가올 미래를 걱정하며 좌절 속에 현재를 살아온 것 같다. 바꿀 수 없는 현실이라면 있는 그대로 받아들이고 고통에서 벗어나려고 노력해야 하지 않을까. 선택은 내게 있다.

튼실하고 탄탄한 마음 가슴에 콕 심으련다. 나라도 아이들에게 버팀목이 되어 주어야 하기에. 절망과 고통 속에서 핀 꽃이 더 절실하고 예쁠 것이기에.

과거는 가슴이 기억하는 영원한 현재형이다. 황홀하고 아프고, 즐겁고 시리고, 행복하고 애통하다. 영원한 이별은 고통을 수반하지만 잘 버텨 온 아이들에게 감사하다.

지나온 시간을 반추하며 후회하기보다는 더 나은 미래를 위해 꽃 피울 수 있기를 소망해 본다.

제기함 속에 있다 제삿날, 설날, 추석에 빛을 보는 영정사진을 거둔다. 이제는 설날, 추석에만 만나야 하는 것을 그도 이해해 주리라 눈 맞춘다. 말없이 그가 미소로 대답하는 듯하다.

주판의 추억

무심코 서랍을 열었는데 주판이 손에 잡혔다. '어 이게 여태 있었네?' 고등학교 때 쓰던 거면 몇 년이나 지난 건지. 타닥타닥 주판알 튕기던 소리가 새삼 그립다.

시골에서 아무 준비 없이 편한 마음으로 있다가 도시에 있는 상업고등학교에 입학했다. 이미 다른 아이들은 주산을 놓고 있는 게 아닌가. 주판은 상업학교 학생들의 문방사우였다. 장방형의 네 변을 나무로 만들고 중간에 가로로 나뭇가지를 두어 상하로 나누는데, 우리는 아래알이 4개인 주판을 사용하였다. 주판은 셈을 하는 데 이용하며 이것으로 셈을 하는 것을 주산 혹은 주판셈이라고 한다. 마음이 급해진 나는 주산, 부기, 타자 수업에 집중했다.

한 학기가 끝날 무렵 호산呼算시간이었다. 선생님이 불러주는 수를 듣고 주판에 놓아 셈을 하는 시간. '떨고' 하시자 주판을 기울여 모든 알맹이를 아래쪽으로 떨어뜨리면 여기저기서 차르륵 차르륵 소리가 났다. '놓기를' 하면 가름대 위의 주판알을 검지로 죽 그어 올림으로써 주판 위의 상황을 제로 상태로 만든다. 1만2천807원이요, 9천875원이요. 죽 불러주다 마지막 숫자에서 '이면'을 하면 자신 있게 주판을 다 놓은 아이들은 손을 들고 답을 했다. 그때 손든 아이들은 주산반 아이들과 나였다. 선생님이 지명한 학생이 숫자를 말할 때 맞으면 정산正算이라고 얘기해 준다. 일 더 하기 일도 못 하던 나였는데, 답까지 맞추어 정이라고 외칠 때의 통쾌함이라니.

옛날에는 상업용으로 많이 사용되었지만, 계산기와 컴퓨터의 보급으로 주판을 보기가 힘들었다. 최근 순천향의대, 가천의대 공동 팀의 연구 결과를 보면 주산을 배운 학생은 그렇지 않은 학생보다 수학의 연산능력이 뛰어난 것뿐만 아니라 주의력이나 집중력도 최대 8점 이상 더 높았다고 한다. 특히 충동조절능력과 연결된 반응 억제 영역의 능력이 두드러졌다고 한다.

주산이 수학의 연산능력뿐만 아니라 집중력도 높여준다는 연구 결과가 나와서인지 주산을 배우는 학생들이 늘었다. 진한 갈색에 가까웠던 한 가지 색에서 주산 붐을 타고 요즘은 빨강 파랑 노랑 색깔도 다양한 주판들이 등장하였다.

식당이나 커피숍을 가면 의도하지 않게 머릿속 주판으로 암산을 한다. 주판알을 손으로 옮길 때처럼 엄지와 검지를 이용해 머릿속에서 움직이게 된다. 마트에서 필요한 물품을 한 가지씩 담으며 그냥 아무 뜻 없이 암산했었나 보다. 요구하는 돈과 안 맞았다. 해서 다시금 따져보니 콩나물 천원을 만원으로 계산원이 입력하였다. 마트를 나오며 9천 원 아꼈다고 혼자 웃었던 기억이 있다.

주판을 이용하여 계산 시 주판의 위쪽은 검지로만 올리고 내리고, 아래쪽은 엄지로만 올리고 내렸다. 심심하면 주판을 놓았는데 1부터 9까지 더하는 게 습관이 되었다. 아홉 번 더하면 1,111,111,101이다. 주판을 잘 놓아서 답이 맞았다는 희열과 엄지와 검지로 죽 그어서 제로로 만들 때의 쾌감을 즐겼다.

주산, 부기, 타자 자격증을 취득하고 은행에 취직하였다. 지금처럼 전산으로 하는 업무가 아니라서 주판이 필수였다. 고객이 입출금한 내용을 적은 수납장, 지급장 합을 낼 때, 계산기로 하면 답이 늘 달랐다. 주판이 제격이었다. 고객 원장도 수기로 작성할 때였으니 주판은 떼려야 뗄 수 없는 도구였다. 전표를 합할 때도 왼손으로 전표를 넘기면서 오른손에 볼펜을 끼운 채 주판셈을 한다. 1원이라도 틀리면 꼭 맞추어야만 하는 은행의 업무상, 집계가 끝나고 본연의 임무를 다한 주판을 가지런히 다듬을 때의 소리도 그립다.

더하기, 빼기, 곱하기, 나누기는 숫자를 사용하는 계산 방법이다. 그런데 사람과 사람과의 관계 속에서도 가감승제가 있다. 무슨 일이 있을 때 이것이 내게 이득이 될지 손해가 될지 따질 때 우리는 주판알 튕긴다고 한다. 이리 재고 저리 재면서 손익계산을 해 보는 것이다. 더하기로 생각했는데 어느 순간 빼기가 될 수도 있고 분명 곱하기였는데 나누기도 되는 게 우리의 삶이다.

주판에 놓인 숫자가 클수록 내 재물도 그만큼 많아졌으면 좋겠다 생각하다가도, 무언가 좀 모자라고 손해 본 듯 하는 게 편한 세상일 수도 있다.

아날로그 시대의 마지막 계산기 주판. 주판이나 계산기로 산출할 수 없는 무한대의 숫자는 무엇일까? 주판을 보며 어렸을 적 양발에 하나씩 묶어 스케이트 타면서 놀던 물건이라고 신기해하는 딸을 보며, 무한대의 숫자는 사랑이라고 깨단한다.

치자꽃

기억은 시공을 초월하여 불쑥 다가온다. 치자꽃 향기를 맡는 순간, 이십여 년 동안 잊고 지냈던 기억의 편린들이 새삼스럽게 떠오른다. 삼십 대 젊은 나이에 어린 아들과 투병 중이던 언니가 한 송이 치자꽃처럼 다가왔다.

맑은 피부를 가졌던 그 언니 집에서 치자나무를 보기 전까지 치자꽃은 노란색인 줄 알았다. 치자 물들인 음식이 노란빛이라 꽃도 노란색일 것으로 생각했다. 향을 맡고 또 맡으며 재차 꽃 이름을 확인하였다. 유백색의 꽃향기가 참 좋았다.

언니는 폐암 말기 환자라고는 믿을 수 없을 정도로 항상 치자꽃 미소를 지었다. 비요일의 만남이라고 하여 비가 오는 날이면, 글동무 너덧 명이 약수터로 모였다. 동동주 한잔에 파전을 안주 삼아 빗소리 들으며 너스레를 떨었다. 찌개에 서로의 수저가 들락날락할 때면 시험관 아기 시술하러 병원에 다니던 나는 왠지 마음이 불편했다. 한번은 그런 내 마음을 눈치챘는지 일행 중 한 명이 그 언니가 먹다가 남긴 국물을 보란 듯이 벌컥벌컥 들이키기도 했었다.

임신에 성공해서 전화하였다. 자기일 만큼이나 무척 반가워하는 언니. 내게 아기를 점지해 달라고 기도를 많이 했단다. 참 부끄러웠다. 한참 후에 내가 병간호를 할 때 생각해 보니 그 언니는 항암치료를 받고 나면 일주일 동안은 항암 후유증으로 투병하고, 그다음 일주일 컨디션이 그나마 좀 괜찮을 때 우리를 만난 거였다.

핏기없는 언니의 얼굴빛 같은 치자꽃은 불볕더위와 장맛비를 견디고도 여름이면 꽃을 피워낸다. 자신의 향기를 조금이라도 늦추지 않고자 꽃은 자기의 소임을 다하고 있음이다. 그런데도 빨리 시들어 오래가지 못하는 꽃이라 더 애달프다.

치자꽃은 칠월이 되면 여인네의 뽀얀 젖가슴처럼 흰 꽃이 절정을 이룬다. 그래서인지 치자꽃이 피면 이해인의 시가 떠오른다.

7월은 나에게/ 치자꽃 향기를 들고 옵니다// 하얗게 피었다가/ 질 때는 고요히/ 노란빛으로 떨어지는 꽃// 꽃은 지면서도/ 울지 않는 것처럼 보이지만/ 사실은 아무도 모르게/ 눈물 흘리는 것일 테지요.

-〈7월은 치자꽃 향기 속에〉 중에서

한여름 치자꽃 향기는 가슴을 설레게 한다. 치자의 달큰한 향기, 순결해 보이는 순백의 치자는 일랑일랑의 향기처럼 농염한 냄새가 난다. 첫날밤을 기다리는 신부 같은 꽃이다. 자스민 향기도 관능적이다. 치자꽃도 자스민의 한 종류이다. 코의 점막을 타고 퍼져가는 향은 감탄사가 절로 나오며 벌름거리게 한다.

치자꽃 꽃말은 청결, 순결, 행복, 한없는 즐거움이라 하는데, 난 순백색 꽃을 보면 그리움이 떠오른다. 청결하고 순결했던 언니는 폐암을 극복하지 못하고 갔다. 삼십 대 짧은 인생이 서러웠다. 잊고 지냈던 언니의 유고시집 《들꽃을 보며》를 꺼내 보았다. 초등학교 아들이 썼던 글에 눈길이 머문다. 이 세상에 엄마가 무지개 타고 오셔서 일 년만, 한 달만, 하루만이라도 오셨으면 좋겠다는 글을 보고 한참을 눈물 흘렸다. 그때 임신했던 우리 아이들이 스무 살이니 그 언니 아들은 투병하던 언니의 나이쯤 되었으리라.

하루만이라도 어머니가 오셨으면 좋겠다고 하는데, 부모하고 자식은 흐르는 세월이 27만 년이 지나야 만날 수 있는 인연이라고 한다. 누구나 각자 짊어져야 할 삶의 무게가 있다. 그 무게를 꿋꿋이 견디며 성장했을 언니의 아들도 치자꽃 향기를 좋아할까?

꽃은 여름이면 피어 치자꽃 내음 향기롭기만 한데, 이십 년 전에 간 언니는 추억 한 움큼 속에 있다. 품과 품 사이, 추억과 인생 사이에서 꽃향기로 머물러 있다.

시월의 뜨락

자연의 시간은 그냥 흐르지 않는다. 물의 시간이, 햇살이, 바람의 시간이 흐른다. 어디를 둘러보아도 산야는 가을이 담뿍 이다. 바람도 계절의 결을 닮았다. 어느 순간의 바람 속에도 내밀하게 익어가는 가을의 온도가 느껴진다.

때를 기다리는 모든 것들은 제 길을 가고 있다. 여름이 지나간 자리에는 단맛 들어가는 열매들이 있다. 나 역시 내가 지나온 길들과 내가 가려는 길의 시간을 물들이며 익어가는 중이다.

눈 돌리는 곳마다 갈무리 중이다. 폭염과 태풍을 이겨낸 벼이삭도 누렇게 익었다. 햇살의 기세도 한풀 꺾였다. 나뭇잎도 물기를 거두고 단풍 드는 중이다, 높아진 하늘만큼이나 나뭇잎과 나뭇잎 사이가 헐렁해졌다.

나도 이제 느슨해질 나이가 되어 고향 집 뜨락에 섰다. 폴짝폴짝 뛰며 고무줄 하던 아이는 주름지고 근육이 빠지는 중이다.

시월 한낮의 뜨락, 모과나무 아래 섰다. 나무의 궤적이 보이는 듯하다. 모과 향 짙어지는 계절, 잘 익은 모과 빛 닮은 잎들 아래 민들레 몇 송이 낮게 피어있다. 이 가을 너무 싱싱해 보여 눈을 맞추었다. 어쩌자고 필 때를 한참 지난 시기에 피었는지, 애처롭다. 늘 무엇이든 느지막이 이루어지는 내 모습 같아서 한참을 들여다보았다. 그나마 홀씨를 달고 있는 민들레는 괜찮다. 곧 바람결에 날아가 터를 잡아 내년 봄에 피어날 테니까. 힘들게 키운 자식들 떠나보낼 채비를 하는 것 같다. 요양병원에 계신 어머니가 생각난다. 자식이라는 열매를 위해 온 힘을 보태었다. 자식들 튼실한 꽃 피우라고 헌신한 삶. 어머니는 어떤 향기로 낼 수 없는 이 세상 가장 아름다운 꽃이다.

어릴 적 뜨락엔 채송화 민들레꽃들이 피고 지고, 마당은 늘 북적북적했다. 특히나 가을에는 밭작물 타작하는 소리가 그득했다. 들깨와 콩이 도리깨질에 열매 드러내고 수수 수확이 한창일 때면 마당은 절정을 이루고 수건을 뒤집어쓴 어머니는 쉴 틈이 없으셨던 시간 시간들.

어렸을 적 동토에 걸린 적이 있단다. 눈을 뒤집어쓰고 아무것도 먹지 못하는 나를 이 병원 저 병원 데리고 다녀도 원인을 모른단다. 다만 증평에서 수녀님들이 운영하는 병원에 가면 치켜뜨던 눈을 감고 온몸이 축 늘어져 있었다고 한다. 어쩔 수 없이 죽는구나 싶어 방에 눕혀두고 군불 지피는데 연기가 굴뚝으로 안 나가더란다. "아하, 얘가 굴뚝 동티 났구나" 생각이 들어 바꾼 굴뚝을 원상 복귀 해 놓고 음식을 해서 제를 올리니 그때서야 웃더라고…….

굴뚝 동티나서 죽다 살아났다는 말이 믿기진 않는다. 그러나 우리 밭 한가운데 우물이 있는데 메우면 안 된다거나, 길가에 있는 남의 밭 가장자리에 바위가 있는데 치우면 탈이 난다는 소리를 들은 적 있다. 우물은 모르지만, 고향에 갈 때면 길가 바위는 여전히 자리하고 있다.

간혹 용돈이라도 드릴라치면 죽은 자식 살아 돌아온 듯 바라보며 웃으시던 어머님. 시들어가는 꽃을 살리려고 얼마나 애가 타셨을까.

가을걷이한 채소와 알곡들이 고실고실 말라가기 좋은 계절. 들판에는 자신들 세대가 얼마 남지 않았음을 감지한 식물들이 마지막 혼신을 다하듯 꽃을 피워 내는 시월이다. 내가 몇 번째 시월을 맞이하는지는 중요치 않다. 인생의 사계절에서 가을임에는 틀림이 없다.

지나고 보면 남들보다 늦었다. 공부를 못한 것도 아닌데 여상에 떨어졌다. 뒤늦게 보궐로 받은 합격 소식에 어머니는 나를 청주에 있는 성안길로 데려가 교복과 구두를 맞춰주셨다. 내 딸이 군인이 되겠다고 몇 명밖에 뽑지 않은 군사학과만 지원하다 떨어졌을 때 난 십리 길을 걷고, 버스도 타면서 성안길로 데리고 갔던 어머니를 떠올렸었다. 떨어진 나도 실망이 컸겠지만 어머니 마음도 많이 아프셨겠구나, 내가 닥쳐보고서야 느꼈다.

여상에서도 2학년이 되어서야 상위권이었다. 남들은 미리 취업해서 나가는데 졸업을 앞두고서야 금융권에 취직이 되었다. 일찍 결혼한 친구들은 학부모가 되었건만 나는 금융권을 퇴사하고 십 년 만에 힘겹게 아이를 낳았다. 지금은 손주 본 친구들 틈새에서 학생인 아이들 뒷바라지로 발품 팔아가며 돈 벌고 있다.

이른 나이에 할머니가 된 친구들이 부럽다. 난 언제 온전한 나를 위한 인생을 살 것인가가 화두인 요즘. 시월처럼 풍성하고 알찬 열매 맺었으면 싶다.

서리 내리기 전에 거둘 수 있는 수확이 있었으면 좋겠다. 추수 끝낸 빈 들판에서 푸르게 남아 속 꼭꼭 여물어가는 배추라도 되면 다행일까. 내 뜨락이 풍성하길 소망한다. 매 시간마다 열심히 살아왔기에 훈장처럼 몸은 아프고 매일 먹는 알약이 많아질지라도 뿌리 튼튼히 내리고 열매 풍성한 나무였음 좋겠다.

서리까지 내렸는데 뒤늦게 한두 송이 핀 꽃처럼 내 뜨락이

초라할까 싶은데, 군 장교가 되려고 생도 생활하는 딸이 나를 책임진다고 엄마 노후는 걱정하지 말라는 소리에 목이 메었다.

계절마다 흐름 따라 봄여름 가을 겨울 네 박자로 삶을 사는 듯한 우리의 계절. 계절의 변화는 바람결에서도 알 수 있다. 가을의 바람은 사람의 마음을 되돌아보게 한다. 삶을 성찰하게 한다.

자연의 시간 속에서 시월의 뜨락일지라도 열심히 살아가는 현재가 아름답다. 누구에게나 절정의 때는 따로 있다. 늦었다고 생각할 때가 가장 빠른 법이다. 내가 행복하다고 생각하는 한 언제나 화양연화. 인생 후반의 화양연화는 더 짙고 화려하리라.

약력

1962 충북 증평군 증평읍 미암리에서 아버지 모재우와 어머니 이춘임의 2남 4녀 중 셋째 딸로 태어남.

1974 증평초등학교 졸업

1977 증평여자중학교 졸업

1980 대성여자상업고등학교 졸업

1981~1996 대한투자신탁(현 하나대투증권) 근무

1982 한국방송통신대학교 영어영문학과 입학

1989 권혁준과 결혼

1999 이란성 쌍둥이 딸 권복선, 아들 권병수 태어남

2015 한국방송통신대학교 국어국문학과 편입

문단경력

1994 충북여성백일장 산문부 장원 〈의자〉

1996 제7회 마터나문학상 가작 〈10년만의 외출〉

1996 충북대학교 김홍은 교수 수필창작 사사

1998 카스생활에세이 공모전 장려상

2000 전북여성백일장 산문부 장원 〈들길에서〉

2004 푸른솔문학회 입회

2006 ≪수필과비평≫ 수필부문 등단 〈용기가 있는 풍경〉
2006~2008 푸른솔문학회 총무, 편집위원
2006 수필과비평작가회의 입회
2008 청주문인협회 입회
2009. 3월 ~2010. 7월 충청일보 〈백목련〉 필진
2009~현재 시전문 계간지 〈딩아돌하〉 운영위원
2013 충북문화재단기금 지원사업 문학 부문 수혜
2014~19 청주문인협회 감사
2015~16 수필과비평작가회의 충북지부 회장
2015~16. 2019 수필과비평 충북지부 편집위원
2017 한국문인협회 입회
2017~현재 청주문화원 운영위원
2018~19 푸른솔문인협회 감사
2018 푸른솔문인협회 세미나 토론자 참여
2018~현재 중부매일신문 오피니언 아침뜨락 필진
2019 충북시낭송대회 듀엣부문 동상수상
2019~20 충북수필문학회 편집위원
2020 충북문화재단기금 지원사업 문학 부문 수혜
2020~21 청주문인협회 주간
2020~21 푸른솔문인협회 부회장
2020 저서 ≪먹을 갈다≫ 문학나눔도서 선정. 한국문화예술 위원회(아르코)

2021 청주시의회 편집위원

2021 ≪먹을 갈다≫유튜브 '미디어z 다독다독' 출연

저서

1999 ≪그리움의 노래≫〈공저〉

2009 ≪41人 작품선집≫〈공저〉 정은출판

2013 수필집 ≪간이역 우체통≫ 〈수필과비평사〉 출간

2020 수필집 ≪먹을 갈다≫ 〈수필과비평사〉 출간

수상

2020 제13회 푸른솔문학상

2020 청주예총공로상 수상

2017 제17회 수필과비평문학상 수상

2001 사이버문학공모전 수필부문 대상 〈간이역 우체통〉

2001 시흥문학상 금상 〈구절초〉

현대수필가 100인선 Ⅱ · 94
모임득 수필선

아버지의 고무신

초판인쇄 | 2021년 11월 05일
초판발행 | 2021년 11월 12일

지은이 | 모 임 득
펴낸이 | 서 정 환
펴낸곳 | 수필과비평사 · 좋은수필사

주　소 | 서울시 종로구 삼일대로 32길 36.
(운현신화타워 빌딩) 305호
전　화 | 02)3675-5635, 063)275-4000
등　록 | 제300-2013-133호
홈페이지 | http://www.shinapub.com
e-mail | essay321@hanmail.net

값 10,000원

ISBN 979-11-5933-376-7 04810
ISBN 979-11-85796-15-4 (전 100권)